AF306210

EXPOSITION PUBLIQUE

DES PRODUITS

DE L'INDUSTRIE FRANÇAISE

AU PALAIS DU LOUVRE.

ANNÉE 1823.

Prix : 1 franc.

CATALOGUE

DES PRODUITS

DE L'INDUSTRIE FRANÇAISE,

ADMIS A L'EXPOSITION PUBLIQUE

DANS LE PALAIS DU LOUVRE,

CONTENANT

LES NOMS ET DEMEURES DES FABRICANS ET DES ARTISTES QUI LES PRÉSENTENT,

ET SUIVI

De l'Indication des Salles et Galeries où ils sont exposés et distribués suivant leur nature, leurs genres et leurs espèces.

A PARIS,

DE L'IMPRIMERIE ANTHELME BOUCHER,

RUE DES BONS-ENFANS, Nº. 34.

———

24 Août 1823.

ORDONNANCE DU ROI

Qui détermine l'époque à laquelle aura lieu, en 1823, l'Exposition publique des produits de l'Industrie française.

Au Château des Tuileries, le 29 janvier 1823.

LOUIS, PAR LA GRACE DE DIEU, ROI DE FRANCE ET DE NAVARRE,

A tous ceux qui ces présentes verront, SALUT.

Sur le rapport de notre Ministre secrétaire d'état de l'intérieur,

Vu notre ordonnance du 13 janvier 1819,

NOUS AVONS ORDONNÉ et ORDONNONS ce qui suit :

ARTICLE Ier.

L'exposition publique des produits de l'industrie française aura lieu, cette année, le 25 août et jours suivans, dans les salles et galeries de notre palais du Louvre.

ART. 2.

Tous les manufacturiers et fabricans établis en France qui voudront concourir à cette exposition, seront tenus de se faire inscrire au secrétariat général de la préfecture de leur département, à l'époque qui sera indiquée par notre Ministre secrétaire d'état de l'intérieur.

ART. 3.

Chaque Préfet nommera un jury composé de cinq

membres , pour prononcer sur l'admission ou le rejet des objets qui lui seront présentés.

ART. 4.

Un juri central, composé de quinze membres, sera nommé par notre Ministre secrétaire d'état de l'intérieur, à l'effet de juger les produits de l'industrie. Il désignera les manufacturiers qui auront mérité, soit des prix , soit une mention honorable.

ART. 5.

Un échantillon de chacune des productions désignées par le juri, sera déposé au Conservatoire des arts et métiers , avec une inscription particulière qui rappellera le nom du manufacturier ou fabricant qui en sera l'auteur.

ART. 6.

Notre Ministre secrétaire d'état au département de l'intérieur est chargé de l'exécution de la présente ordonnance.

Donné en notre château des Tuileries , le 29 janvier, l'an de grâce mil huit cent vingt-trois , et de notre règne le vingt-huitième.

Signé LOUIS.

Par le Roi :

Le Ministre secrétaire d'état au département de l'intérieur ,
Signé CORBIÈRE.

Pour copie conforme :

Le Conseiller d'état, Secrétaire général du Ministère de l'intérieur ,

B^{on}. CAPELLÉ.

MINISTÈRE DE L'INTÉRIEUR.

Paris, 31 janvier 1823.

MONSIEUR LE PRÉFET, Son Exc. le Ministre de l'intérieur me charge d'avoir l'honneur de vous transmettre une ordonnance du Roi du 29 de ce mois, fixant au 25 août, fête de Saint-Louis, l'ouverture de l'exposition publique des produits de l'industrie française, qui a lieu cette année en exécution de l'ordonnance du 13 janvier 1819.

Je n'ai pas besoin d'exciter votre zèle pour vous engager à aider de tous vos efforts au succès de la mesure protectrice que le Roi s'est complu à ordonner. Vous vous empresserez, Monsieur, à faciliter le concours des fabricans et de leurs produits, à lever les obstacles qui pourraient les détourner; et en contribuant ainsi à l'éclat de l'industrie nationale, vous ferez vos efforts pour que celle de votre département y conserve ou y acquière de plus en plus une part distinguée.

Les instructions que j'ai à vous donner sont les mêmes qu'à la dernière exposition, et je me borne à transcrire une partie des circulaires des 26 janvier et 10 juillet 1819.

« Le premier objet dont vous avez à vous occuper, est la composition
» du juri. Vous en choisirez les membres parmi les hommes les plus
» éclairés dans les arts, et les plus capables d'en juger les produits.

» Ce juri prononcera sur tous les objets qui seront présentés, et
» n'admettra que ceux qui lui paraîtront réunir un bonne fabrication ou
» une grande utilité. Il doit surtout s'attacher aux objets qui forment
» une industrie particulière au département; ceux-ci présentent toujours
» de l'intérêt, caractérisent les localités.

» Le juri observera surtout de ne pas rejeter les produits grossiers,
» lorsqu'ils sont à bas prix et d'un usage général.

» Il excitera le zèle et l'émulation de tous les manufacturiers et fa-
» bricans, pour qu'ils donnent à leurs produits tous les degrés de
» perfection dont ils sont susceptibles; il leur dira que c'est moins un
» produit très soigné et fabriqué à grands frais, sans toutefois l'exclure,
» qu'un bel échantillon d'une fabrication ordinaire qu'il faut présenter à
» l'exposition.

» Tous les articles d'industrie reçus par le juri, doivent être rendus
» au Louvre avant le 1er. août; le gouvernement en paiera le port.

» Vous aurez l'attention, Monsieur, de faire mettre un numéro à
» chacun des produits, ainsi que le nom du fabricant et celui du dé-
» partement.

» Vous m'enverrez séparément une note détaillée dans laquelle vous me
» ferez connaître l'étendue de la fabrication, les lieux de consommation, le

» nombre d'ouvriers employés, l'origine des matières premières, les en-
» couragemens qu'on pourrait accorder à chaque genre d'industrie, etc.
» Ces renseignemens deviennent nécessaires au juri central de Paris,
» pour déterminer son jugement, et ils seront utiles au gouvernement
» pour fixer le degré d'intérêt qu'il doit accorder à chaque fabrique.
» Le local qui est destiné dans le palais du Louvre à la prochaine
» Exposition des produits de l'industrie, offre de vastes emplacemens
» susceptibles de recevoir des marchandises d'un volume quelconque
» et des plus grandes dimensions : ainsi les fabricans qui desirent que
» les objets présentés par eux, et que le juri départemental aura jugés
» dignes du concours, attirent les regards du public et soient examinés
» et appréciés sous tous les rapports, ne doivent pas se borner à en
» remettre de simples échantillons ; ils peuvent déposer les objets en-
» tiers, et, si ce sont des tissus, des pièces entières ou des demi-pièces.
» C'est ce que vous voudrez bien leur faire savoir, en vous adressant
» principalement aux manufacturiers de coton, de lainages, de papiers
» peints, etc. Quelles que soient les dimensions des produits industriels
» qu'ils offriront au concours général du 25 août prochain, il sera facile
» de les y exposer en les développant dans toute leur étendue. Des
» mesures sont prises, d'ailleurs, pour qu'on en ait le plus grand soin,
» et pour qu'ils n'éprouvent pas la plus légère avarie. »

Il me reste à vous faire remarquer que le terme du 1er. août est le dernier qui soit accordé pour recevoir des produits au Louvre ; mais qu'il y aurait un encombrement très fâcheux si l'on attendait au dernier moment. Vous devez nommer le juri de votre département sur-le-champ, et presser la présentation et le départ à mesure, de tout ce qui se trouvera confectionné et agréé.

Les envois doivent être dirigés au palais du Louvre, à l'adresse de M. Arnould, Inspecteur de l'exposition.

Je vous prie de m'accuser réception de cette lettre, et de me rendre compte successivement, tant des soins que vous aurez pris pour vous y conformer, que des résultats obtenus.

Agréez, Monsieur, l'hommage de la considération distinguée avec laquelle j'ai l'honneur d'être

Votre très humble et très obéissant serviteur,

Le Conseiller d'Etat Directeur.

Signé CASTEL BAJAC.

ORDONNANCE DU ROI

*Relative à l'Exposition des Produits de l'Industrie, et
aux Perfectionnemens remarquables depuis 1819.*

Au Château des Tuileries, le 20 février 1823.

LOUIS, PAR LA GRACE DE DIEU, ROI DE FRANCE
ET DE NAVARRE,

A tous ceux qui ces présentes verront, SALUT.

Sur le rapport de notre Ministre secrétaire d'état au
département de l'intérieur,

NOUS AVONS ORDONNÉ et ORDONNONS ce qui suit :

ARTICLE Ier.

Si, dans les départemens où il existe une ou plusieurs branches de grande industrie manufacturière, il
est survenu, depuis l'époque de la dernière exposition
des produits de l'industrie en 1819, quelque perfectionnement remarquable, soit par l'invention ou la
confection des machines, soit par des changemens introduits dans la teinture, dans le tissage ou dans les
autres procédés des manufactures et des arts, ces améliorations notables seront constatées par les juris établis dans chaque département, en vertu de notre ordonnance du 29 janvier dernier. Ils signaleront les artistes à qui y sont dues ces découvertes et leur mise en
pratique.

ART. 2.

Après s'être assuré du mérite de ces perfectionnemens que chaque juri aura constatés, et de l'importance des manufactures aux progrès desquelles ils ont concouru, notre Ministre de l'intérieur nous en rendra compte.

A R T. 3.

Les artistes auteurs de ces perfectionnemens nouveaux, pourront avoir part aux récompenses que nous nous proposons d'accorder, à la suite de l'exposition publique des produits de l'industrie, ordonnée pour le 25 août de la présente année.

A R T. 4.

Notre Ministre secrétaire d'état de l'intérieur est chargé de l'exécution de la présente ordonnance.

Donné en notre château des Tuileries, le 20 février l'an de grâce mil huit cent vingt-trois, et de notre règne le vingt-huitième.

Signé LOUIS.

Par le Roi :

Le Ministre secrétaire d'état au département de l'intérieur,

Signé CORBIÈRE.

CATALOGUE

DES PRODUITS

DE L'INDUSTRIE FRANÇAISE,

ADMIS A L'EXPOSITION PUBLIQUE

DANS LE PALAIS DU LOUVRE,

CONTENANT

LES NOMS ET DEMEURES DES FABRICANS ET DES ARTISTES QUI LES PRÉSENTENT,

ET SUIVI

De l'Indication des Salles et Galeries où ils sont exposés et distribués suivant leur nature, leurs genres et leurs espèces.

Numéros.

1 *L'Hospice de la Miséricorde*, à Perpignan, qui a obtenu une mention honorable à l'exposition de 1819: Draps communs, Couvertures de laine, Toile rousse.

2 MM. *Pugens cadet* et *sœur*, à Perpignan (Pyrénées-Orientales): Echeveaux de soie blanche et de soie jaune.

3 M. *Jaussand (François)*, à Gap (Hautes-Alpes): Echantillons de Cadis.

4 M. *Guérin* (*Louis*), à Gap (Hautes-Alpes):
Echantillons de Cadis.

5 M. *Chaix* (*Joseph*), à Gap (Hautes-Alpes) : un
Echantillon de Cadis.

6 M. *Chaix* (*Laurent*), à Gap (Hautes-Alpes) : un
Échantillon de Cadis.

7 M. *Guanguet* (*Jacques*), à St.-Euzèbe (Hautes-
Alpes) : deux Echantillons de Cadis.

8 MM. *Carnal* et *Nebon*, à St.-Firmin (Hautes-
Alpes): une Couverture de laine.

9 M. *Thomé* (*Jacques*), à Gap (Hautes-Alpes) :
cinq Echantillons de Toile de diverses qualités.

10 M. *Magallon* (*Joseph*), à Gap (Hautes-Alpes) :
dix Echantillons de Toiles diverses.

11 M. *Céas* (*Jacques*), à Gap (Hautes-Alpes) :
deux Echantillons de Toile.

12 M. *Thomé* (*Jacques*), à Gap (Hautes-Alpes) :
quatre échantillons de Toile de coton.

13 M. *Guichard*, à Gap (Hautes-Alpes): cinq
Echantillons de Duvet de chèvres indigènes,
de poil de lièvre, de poil de lapin, d'agne-
lin, etc.

14 M. *Lamorte*, à Gap (Hautes-Alpes) : deux Chapeaux de duvet de chèvres indigènes ; l'un ap-
prêté et fini, l'autre sans apprêt.

M. *Chabre*, à Embrun (Hautes-Alpes), un Schako
de duvet indigène et de poil de lièvre et de
lapin.

15 M. *Legrand* (*Etienne*), à Gap (Hautes-Alpes) :
Echantillons de peau d'agneau et de peau de
chamois; une peau de mouton préparée au
sumac.

16 M. *Burle* (*Arnoux*), à Gap (Hautes-Alpes) : une Peau de chevreau au blanc.

17 MM. *Ollivier* frères, à Gap (Hautes-Alpes) : un Echantillon de Peau d'agneau et une Peau de mouton préparée au sumac.

18 MM. *Callande* frères, à Gap (Hautes-Alpes) : une Basane préparée au sumac, et Echantillons d'autres Peaux.

19 MM. *Brun* frères, à Veyne (Hautes-Alpes) : une Basane au sumac, et Echantillons d'autres Peaux.

20 M. *Borel* (*Etienne*), à Gap (Hautes-Alpes) : Cache-Entrée et Espagnolette.

21 M. *Magallon* jeune, à Gap (Hautes-Alpes) : Outil pour tailleur de pierre.

22 M. *Serres*, sous-préfet d'Embrun (Hautes-Alpes), Echantillon de Pierre lithographique, provenant d'une carrière découverte dans les Alpes.

23 La *Maison centrale de détention d'Embrun* (Hautes-Alpes), Echantillons de Draps, de serge et de toile.

24 M. le *Préfet de la Dordogne*, M. le *comte du Saillant*, etc., Echantillons de Minerai et de Sulfate de cuivre, provenant d'une mine découverte à Farges, département de la Corrèze; Barreaux, Bandes et Clous de doublage, fabriqués avec les produits de la même mine.

25 M. *Audenbron* (*Henri*), à Thiers (Puy-de-Dôme) : Articles de Coutellerie.

26 M. *Marquet*, à Thiers (Puy-de-Dôme) : Articles de Coutellerie.

27 MM. *Saint-Joanny* frères, à Thiers (Puy-de-Dôme): Articles de Coutellerie.

28 M. *Bost-Membrun*, à Saint-Remy, près Thiers (Puy-de-Dôme), mentionné honorablement à l'exposition de 1819 : Articles de Coutellerie.

29 MM. *Jacqueton* frères, à Thiers (Puy-de-Dôme): Articles de coutellerie.

30 M. *Perret-Vacherias*, à Thiers (Puy-de-Dôme): Articles de coutellerie.

31 M. *Tixier* fils, à Thiers (Puy-de-Dôme): Articles de coutellerie.

32 M. *Dumas*, à Thiers (Puy-de-Dôme): Articles de coutellerie.

33 M. *Chervet-Vacher*, à Thiers (Puy-de-Dôme): Articles de coutellerie.

34 M. *Maugez-Léglise*, à Thiers (Puy-de-Dôme): Articles de coutellerie.

35 M. *Buisson-Martignat*, à Thiers (Puy-de-Dôme): Articles de coutellerie.

36 M. *Gailon-Triouiller*, à Thiers (Puy-de-Dôme): Articles de coutellerie.

37 M. *Foret* (*Jean-Baptiste*), à Thiers (Puy-de-Dôme): Articles de coutellerie et Lunettes.

38 M. *Bouchet* aîné, à Thiers (Puy-de-Dôme): Papiers.

39 M. *Serve* fils, à Chamalières, près Clermont (Puy-de-Dôme): Papier pour taille-douce, pour l'écriture, etc.

40 M. *Durand-Fritière*, à Ailanc (Puy-de-Dôme): Echantillons de Blonde noire et de Dentelles.

41 M. *Tixier-Durand*, à Ambert (Puy-de-Dôme) :
Echantillons de Dentelles et de Blonde.

42 M. *Chauve* (*Jean-Baptiste*), à Viverols (Puy-
de-Dôme) : Echantillons de Dentelles.

43 M. *Groisne* aîné, à Olliergues (Puy-de-Dôme) :
Echantillons d'Etamine à pavillons.

44 M. *Bouffon*, à Sauxillanges (Puy-de-Dôme) :
une Faulx, une Faucille et deux scies.

45 MM. *Jannin*, *Brunet et Chauveau*, à Autun,
(Saône-et-Loire) : un grand et un petit Tapis
de pied en poil de bœuf.

46 M. *Bassecourt* fils, à Tournus (Saône-et-Loire),
mentionné honorablement à l'exposition de
1819 :
Une Couverture en coton, n°. 66.
Une Couverture en coton à franges, n°. 77.

47 M. *Martorey*, à Tournus (Saône-et-Loire), qui
fut mentionné honorablement à l'exposition
de 1819 : une Couverture en coton, n°. 77.

48 M. *Berthet-Bassecourt*, à Tournus (Saône-et-
Loire), mentionné honorablement à l'exposi-
tion de 1819 : une Couverture en coton, n°. 66.
Une couverture en coton, n°. 77.

49 M. *Thibaut* aîné, à Tournus (Saône-et-Loire),
qui obtint une médaille d'argent à l'exposition
de 1819 : une Couverture en coton.

50 M. *Juvanon*, à Tournus (Saône-et-Loire) : une
Couverture en coton.

51 MM. *Accary* frères, à Tournus (Saône-et-Loire),
qui obtinrent une mention honorable à l'exposition de 1819 : une Couverture chaîne croisée, n°. 77 ; une *idem* chaîne lisse, n°. 66 ;

une Couverture coton gris chaîne lisse , n°. 60·
une *idem idem* pour emballage.

52 MM. *Abat , Sans* et *Morlière*, à Pamiers (Arriége) : Echantillons d'acier, quatre Limes et
une Râpe.

53 M. *Delpla-Goueites* , à Saurat (Arriége) : Echantillons d'acier.

54 M. *Ruffié* , à Foix (Arriége), qui obtint une médaille d'argent à l'exposition de 1819 : Echantillons d'acier, vingt-trois Faulx , vingt-une
Limes , deux modèles de ciseaux d'acier raffiné , propres à la ciselure des métaux.

55 MM. *Bérard* et *Delpech*, Dumas d'Azil (Arriége) :
une Caisse d'alun purifié.

56 M. *Coste (Joachim)* , à Bélesta (Arriége) : Echantillons des marbres exploités à Bélesta.

57 M. *Bachelier d'Agès* , à Bourberouge (Manche) :
une Marmite ordinaire , une autre de forme
anglaise , etc.

58 *La Compagnie des Salines de l'Est* , à Dieuze
(Meurthe) : trois petites Caisses de soude.

59 M. *Turc Bertier* , à Nancy (Meurthe) : une Bri-
que de savon.

60 M. *André (Pierre)* , à Pont-à-Mousson (Meurthe), mentionné honorablement à l'exposition
de 1819 ; un Pain de sucré de betteraves.

60 *bis*. M. *Masson-André*, à Pont-à-Mousson (Meurthe) , mentionné honorablement à l'exposition de 1819 : deux Pains de sucre de betteraves raffiné.

61 Madame veuve *Constantin* aîné et M. *Constantin*

jeune, à Nanci (Meurthe) : Epreuves de leur fonderie en caractères.

62 MM. *Boilvin* (*Marie*) frères, à Badonviller (Meurthe), qui obtinrent une médaille d'argent à l'exposition de 1819 : quatre Paquets d'Alènes droites et courbes, et un Paquet de Clous à monter.

63 MM. *Thirion* et *Jacquel*, à St.-Sauveur (Meurthe) : un Paquet d'Alènes.

64 *L'Hôpital général* de Poitiers, M. *Vaillant*, entrepreneur : Drap croisé.

65 *Le Même* : Couverture et Bonneterie de laine ; Dentelles.

66 M. *Daillet-Bonnet*, à Chatellerault (Vienne) : deux Couteaux.

67 M. *Briault-Dugas*, à Chatellerault (Vienne): deux Couteaux.

68 M. *Dauzac*, à Chatellerault (Vienne) : une Paire de rasoirs.

69 M. *Guerineau*, à Poitiers (Vienne), qui a obtenu une citation à l'exposition de 1819 : Peaux de mouton, d'agneau, de chevreau, préparées en mégie, Peaux d'oie apprêtées en pelleterie.

70 M. *Guerineau*, à Poitiers (Vienne) : un demi-kilogramme de laine prime mérinos lavée à froid.

71 M. *Faure*, correspondant du conseil royal d'agriculture pour l'arrondissement de Briançon : Echantillons de laine de son troupeau de mérinos.

72 M. de *Rinquesen*, à Boulogne (Pas-de-Calais) : sept Tables de marbres divers, et autant d'Echantillons correspondant à ceux des tables.

2

Numéros.

73 M. *Horne* , à Hallines (Pas-de-Calais) : Echantillons de papiers de toutes dimensions.

74 M. *Fiolet*, à Saint-Omer (Pas-de-Calais) : Pipes de divers échantillons.

75 M. *Liedekerke Beaufort* (le comte), grand-maréchal du palais de S. M. le Roi des Pays-Bas, et autres propriétaires de la verrerie d'Hardinghem, arrondissement de Boulogne (Pas-de-Calais) : Bouteilles, demi-bouteilles, litres et doubles-litres, Dames-Jeannes.

76 M. *Falatieu* , à Bains (Vosges), qui obtint une médaille de bronze et une mention honorable à l'exposition de 1819 : Feuilles de ferblanc brillant, Fils de fer, Echantillons de plomb laminé d'après le procédé de M. Jeandon.

77 M. *Desgranges*, à Arches (Vosges) : Papier grand format pour la taille-douce,

78 MM. *Ligneville (de)* et *Ferry Milon*, à Souche d'Arnould (Vosges) : divers Echantillons de papier.

79 MM. *Vautrin et Compagnie*, à Senones (Vosges) : quatre paquets de fil de coton des n°s. 100, 115, 130 et 150 ; Echantillons de perkale et mousseline blanchies.

80 M. *Aadelmann* , au Menil (Vosges) : quinze Echantillons de piqué, en une seule pièce.

81 MM. *Tessier* et *Zetter*, à Saint-Dié (Vosges) : divers Echantillons de fils et de tissus de coton teints.

82 M. *Michel (G. M. F.)*, imprimeur du Roi, à Brest (Finistère) : les deux Arts poétiques d'Horace et de Boileau, en grand et petit format.

83 MM. *Chevallier* et *Payen*, pharmaciens à Paris, place du Pont Saint-Michel, n°. 43 : soixante-quatre Flacons de produits chimiques purs pour réactifs.

84 Madame *Simoneau*, à Etampes (Seine-et-Oise) : deux morceaux de cuir à la jusée.

85 M. *Salleron*, à Longjumeau (Seine-et-Oise), qui obtint une médaille de bronze à l'exposition de 1819 : trois morceaux de cuir à la jusée.

86 M. *Godin-Rigault*, à Etampes (Seine-et-Oise) : quatre morceaux de cuir de bœuf et de vache corroyé.

87 M. *Dubruel*, à Poissy (Seine-et-Oise) : Soude factice, Sulfate de soude, Sel de soude, Cristaux de soude, Acide muriatique, Savon de suif.

88 MM. *Chappée fils et Compagnie*, à Versailles (Seine-et-Oise) : Draps teints en pièce.

89 M. *Barbier*, à Versailles (Seine-et-Oise) :
Instrumens à l'usage des aveugles ;
Un Cylindre d'impression avec sa planche ;
Deux Réglettes d'écriture, n°s. 1 et 1 *bis* ;
Une Table dito, n°. 2, et une Planchette, n°. 3 ;
Une Boîte d'instructions générales ;
Divers Exemples d'écritures et d'impression en relief ;
Deux Instructions imprimées.

90 MM. *Cartier fils* et *Grieu*, à Pontoise (Seine-et-Oise) : Acides sulfurique et oxalique, Sulfate de cuivre, Cristaux isolés, Sulfate de cuivre, façon de Lyon, Bleu de Prusse, Phosphate de soude, Jaune minéral, Jaune broyé.

91 MM. *Silvand* frères, à Limours (Seine-et-Oise) :

Soupières, Poëlons, Tasses, Plats et Cafetières en terre bronzée.

92 M. *Frère*, à Paris, rue St.-Denis, n°. 379 :
Un Temple en agate de France.

93 M. *Simoneti*, à Paris. rue St.-Sébastien, n°. 46 :
Tableau en mosaïque représentant le Pan-
théon d'Agrippa, la Grotte de Neptune, et
Mercure et Argus.

94 *La Maison de Charité* de Montebourg (Manche),
qui fut mentionnée honorablement à l'exposition de 1819 : six Echantillons de dentelles.

95 M. *Février (Jacques)*, à Montebourg (Manche),
qui obtint une citation à l'exposition de 1819 :
cinq Echantillons de coutil.

96 M. *Orford*, directeur de la filature de la Coudre
(Manche) : Echantillon de coton filé pour
chaîne, n°. 26.

97 M. *Leroy*, à Paris, rue des Arcis, n°. 31, près
celle des Lombards : Colle-forte.

98 MM. *Bonnet* et *Ronchaud*, à Tenay (Ain) :
quatre Schalls bourre de soie.

99 M. *Beroud (Pierre)*, à Nantua (Ain) : Echantillons de soie moulinée en grenadine, provenant de la filature de Roquemare, département de Vaucluse.

100 M. *Desmailles (François)*, à Cerdon (Ain) :
Echantillons de coton filé.

101 Mme. *veuve de Pierre-Joseph Maissiat*, à Nantua
(Ain) : Echantillons de Coton filé.

102 M. *Renard-Pramondon*, à Nantua (Ain) : six
qualités différentes de Mousselines unie et
brochée.

103 MM. de *Meillonas*, à Meillonas (Ain) : dix Cruches de terre.

104 M. *Nicod (Jean-Marie)*, à Oyonnax (Ain) : Ouvrages de Tour.

105 M. *Lacour* fils , à Oyonnax (Ain) : Ouvrages de Tour.

106 M. *Maissiat (Claude-Louis)*, à Oyonnax (Ain) : Ouvrages de Tabletterie.

107 M. *Julliard (Jean-Baptiste)* , à Nantua (Ain) : Ouvrages de Tabletterie.

108 MM. *Bolley* père et fils , à Oyonnax (Ain) : Ouvrages de Tabletterie.

109 M. *Odobet (Patrice)* , à Oyonnax (Ain) : Ouvrages de Tabletterie.

110 M. *Jacquand (Pascal)*, à Oyonnax (Ain) : Ouvrages de Tabletterie.

111 M. *Evrard (Ange)*, à Oyonnax (Ain) : Ouvrages de Tabletterie.

112 M. *Pichon (Régis)*, à Oyonnax (Ain) : Ouvrages de Tabletterie.

113 M. *Reffet (Jean-François)* , à Neyrolles (Ain) : Echantillons de Pointes à vitrer.

114 M. *Carrier* fils aîné, à Nantua (Ain) : Sciage du bois par mécanique ; huit Branches pour pieds métriques ; vingt-cinq Voliges propres à divers usages.

115 M. De la *Chapelle de la Rouge*, commune de Pérouges (Ain) : quatre Toisons ; une Carte d'Echantillons de Laine en mèche.

116 M. *Aubert*, à Paris, rue des Boulangers, n°. 17 : Modèles pour le Numérotage des maisons et

Numéros.

pour les Inscriptions indicatives des rues et places.

117 MM. *Girod* neveux, *Perrault* de *Jotens* et *Montanier*, à Naz, commune de Cessy (Ain): quatre Toisons.

118 MM. *Calvet* et de *Goër*, à Paris, Vieille rue du Temple, n°. 30 : Sacs sans couture, et Tuyaux également sans couture, à l'usage des pompes à incendie et d'arrosement, le tout en fil de chanvre.

119 MM. *Burty* et *compagnie*, à Paris, rue de Richelieu, n°. 89: une Robe mousseline brodée à la main.

120 M. *Desormes*, à Montreuil-sous-Bois, et à Paris, rue des Trois Pavillons, n°. 4, au Marais : Ruche de son invention, avec son Tablier.

121 MM. *Michault* et *Dutrou* jeune, à Paris, rue Saint-Denis, n°. 345 : Cadre d'échantillons de Rubans moirés pour décorations d'ordres.

122 M. *Laprevotte*, luthier, à Paris, place du Palais-Royal, n°. 237: deux Violons.

123 M. *Grandjean*, à Paris, rue Beaurepaire, n.° 20 : une Baignoire en bois de chêne.

124 M. *Pieri Benard*, à Paris, boulevard des Italiens, n°. 11 : Portrait de Louis XVI, gravé par Bervic.

125 M. *Parcheminey*, à Paris, rue Grenier-St.-Lazare, n°. 5 : un Tableau brodé en Chenilles sur gros de Naples.

126 M. *Barabin* de *Marconnay*, à Paris, rue Neuve-St.-Roch, n°. 32 : quatre Tableaux, dont un en argent et trois en fer.

127 M. *Boichoz* fils, à Dôle (Jura) : deux Machines propres à fabriquer le fil de caret.

128 M. *Chapuis*, à Saint-Claude (Jura) : divers Echantillons de Papier.

129 M. *Ecouchard*, à Dôle (Jura)
1°. Herse - râteau ;
2°. Hache-paille ;
3°. Valet-étau.

130 M. *Boichoz* père, à Brans (Jura) : trois Bouteilles d'Absinthe dite du Jura.

131 MM. *Vandel* et *compagnie*, à Morez (Jura) : une Horloge à poids et à réveil ; deux Cadrans d'Horloge ; Couronnement d'Horloge ; six Montures de Lunettes.

131 (*Bis*). *Les mêmes* : un Tourne-broche à ressort ; un Tourne-broche à poids.

132 *Les mêmes* : un Soufflet de Cuisine.

133 M. *Gabet*, à St.-Claude (Jura) : six Lanternes cylindriques.

134 M. *Dalloz-Gaillard*, à St.-Claude (Jura) : une Tabatière en buis.

135 M. *Lançon*, à St.-Claude (Jura) : une Tabatière en bois et trois Tabatières en buis.

136 M. *Reffay-Duparchy*, à St.-Claude (Jura) : un Nécessaire en buis.

137 *Le même* : une Flûte en buis.

138 M. *Vandel* fils, à St.-Claude (Jura) : un Flageolet.

139 MM. *Roy*, père et fils, à St.-Claude (Jura) : une Pipe en buis.

140 M. *Donnet-Demont*, à Dôle (Jura) : deux Morceaux de Tripoli.

141 Les *Lapidaires* de Septmoncel (Jura), au nombre de vingt-deux : Pierres fines et fausses taillées.

142 MM. *Vandel et Compagnie*, à Morez (Jura) : trois Paquets de Fers de bottes.

143 M. *Roydor*, du bois d'Amont (Jura) : seize Boîtes de sapin, renfermées l'une dans l'autre.

144 M. *Campion*, à Paris, rue de l'Echiquier, n°. 12 : Une Guitare à six cordes, en bois d'acajou, garnie en ébène et en nacre de perle.

145 M. *Funck*, à Paris, rue de Charonne, n°. 7 : une Pendule avec sa cage, et un Cadre en marqueterie ; une aune en marqueterie.

146 M. *Tridon*, à Paris, au Gros-Caillou, n°. 5o : Carte de vis à bois, en fer forgé.

147 M. *Cornouailles*, à Paris, rue Contrescarpe, n°. 21 : Trois Cadres contenant des objets de typographie.

148 M. *Michaux*, à Paris :
Échantillon de Tissu-Mérinos teint au mordant d'alun ; autre Echantillon teint au mordant d'étain, avec l'écorce de jeunes chênes quercitrons du bois de Boulogne.

149 M. *Ripault*, breveté d'invention, à Paris, rue St.-Séverin, n°. 3. Cilindre bibliothèque.

15o M. le *Baron Saillard*, rue de Clichy, à Paris, Entrepreneur des usines de Fromelenne, Givet, Floymont et Ryppelle (Ardennes), qui obtint une médaille d'argent à l'exposition de 1819, pour du zinc laminé provenant de sa fabrique de Rugles, département de l'Eure; Fil de laiton décapé, et Fil de cuivre rouge sans alliage; Fil de laiton noir, et Zinc laminé.

151 M. *Estivant-Pontianne*, à Givet, (Ardennes), qui obtint une médaille d'argent à l'exposition de 1819 : Colle-forte.

152 M. *Neveux-Godart*, à Chesnois-ès-Rivières (Ardennes) : Bonneterie de Coton.

153 M. *Estivant-Debraux*, à Givet, (Ardennes), qui obtint une médaille d'argent à l'exposition de 1819 : Colle-forte.

154 M. *Serres*, Sous Préfet, à Embrun (Hautes-Alpes) : Devant de gilet d'hiver, fabriqué avec le duvet de chèvres des Alpes.

155 M. *S vestre*, à Paris, rue des Marais-du-Temple, n°. 15 : Ouvrages de Stéréotomie.

156 M. *Berthe*, à Paris, rue Saint-Jacques, n°. 66 : Une Carte d'Europe.

157 M. *Barrabino* (François) : Produits de la verrerie à vitres de Harberg (Meurthe).

158 M. *Keller*, à Lunéville (Meurthe) : Divers objets en terre de pipe blanche et peinte. Autres objets de faïence ordinaire blanche et peinte.

159 MM. *Godard et Compagnie* : Cristaux de la verrerie de Vonêche-Baccarat (Meurthe).

160 M. *Poinsignon*, à Paris, rue St.-Denis, n°. 166 : Trois Registres à dos élastiques.

Numéros.

161 M. *Maréchal*, à Paris, rue St.-Antoine, n°. 47:
Pierres et Diamans de Strass.

162 MM. *Didelot et Compagnie*, brevetés d'invention, à Paris, rue Picpus, n°. 35 : Trente-
deux Écheveaux de bourre de soie.

163 M. *Gianou (Benoist)*, à Paris, rue du Faubourg St-Martin, n°. 186 : un Sujet allégorique
en porcelaine.

164 M. *Gihaut*, à Paris, Boulevard des Italiens, n°s. 5
et 7 : deux Cadres contenant des lithographies.

165 M. *Gatine*, à Paris, rue des Bourguignons, n°.
18, qui fut mentionné honorablement à l'exposition de 1819: trois Schalls laine pure, et
tissus mélangés.

166 MM. *Delaporte* frères, à Paris, rue des Deux
Portes-St.-Sauveur, n. 18 : Dés à tailleur, dits
verges de fer.

167 *Les mêmes* : Dés doublés d'argent, et à cercle
doublé d'or.

168 Mme. *Mougniard*, rue d'Angoulême, n°. 8, aux
Champs-Élysées, cessionnaire du brevet d'invention de MM. *Dauker et Compagnie* : Bougies Diaphanes blanches et de couleur.

169 M. *J. Goujon*, à Paris, rue du Bac, n°. 6 : une
Carte topographique des environs de Paris.

170 M. *Vast-Bois*, à Paris, rue des Prêcheurs, n°. 13:
Quatre Pelotonneuses doubles;
Un Calendrier perpétuel luni-solaire et géo-
graphique.

171 M. *Leblond*, à Paris, rue aux Ours, n°. 25 :
quatre Perruques.

Numéros.

172 Dépôt général du Charbon double, à Paris, Cour du Harlay, n°. 19 : Echantillons de Charbon.

173 M. *Gouault de Monchaux*, à Paris, rue de la Lune, n°. 43 : Romaine à support destinée au numérotage des cotons filés.

174 M. *Porlier*, à Paris, rue de la Bûcherie, n°. 10 :
Une Forme à papier tissu vergeure, grandeur de carré,
Un Tissu vergeure coquille,
Deux petites formes à filigranes.

175 M. *Brard*, un des concessionnaires des mines de Lardin (Corrèze) : un Trébuchet hydrostatique, à l'usage des joailliers lapidaires.

176 M. *Levasseur*, à Paris, rue du Temple, n°. 57 : deux Miroirs convexes étamés.

177 *La direction de l'approvisionnement de Réserve* :
Modèle de moulin à eau (monture économique) construit par Gravier, mécanicien ; Tarare à double volant, et autre Tarare à simple volant, par le même,
Trémie roulante pour le mesurage des grains, par le même,
Crible cilyndrique, par le même,
Balance d'essai pour déterminer le poids de l'hectolitre de grains, construit par Chemin.

178 M. *Bréon*, médecin, à Paris, rue du faubourg-Saint-Martin, n°. 74 : une carte des eaux minérales de la France ; Paris, 1823.

179 M. *Barland*, à Paris, rue Mauconseil, n°. 10 : Décrottoirs, Cylindres par brevet d'invention.

180 M. *Menut*, à Paris, rue de Paradis, n°. 12 : une Roue et son pignon en bois.

181 M. *Laforest*, à Paris, rue Neuve-Saint-Nicolas, boulevard Saint-Martin, n°. 2 : Échantillons

de Chanvre préparé à l'aide de la nouvelle broye mécanique de son invention.

182 MM. *Titot et Chastellux*, Entrepreneurs de la maison centrale de détention d'Ensisheim (Haut-Rhin) : neuf pièces de Calicots.

183 *Les mêmes* : deux Équipages complets de tisserand, formant ensemble quatre pièces.

184 MM. *Haussmann, Frères*, à Logelbach, près Colmar (Haut-Rhin), qui obtinrent une médaille d'or à l'exposition de 1819 : Mousselines et Calicots imprimés, Fichus en soie.

185 M. *Martin Ziegler*, à Mulhausen (Haut-Rhin) : Toiles Coton.

186 MM. *Thierry Mieg*, à Mulhausen (Haut-Rhin) : Toiles peintes pour meubles, Mouchoirs dits Andrinoples, Mouchoirs dits Aladins.

187 MM. *Heilmann Frères et Compagnie*, à Mulhausen (Haut-Rhin), qui obtinrent une médaille d'or à l'exposition de 1819 : plusieurs Schalls.

188 MM. *Martin, Thyss et compagnie*, à Buhl (Haut-Rhin), qui obtinrent une médaille de bronze à l'exposition de 1819 : Trois pièces de Drap et une de Casimir.

189 MM. *Schlumberger* et *Herzog*, à Logelbach, près Colmar (Haut-Rhin), qui obtinrent une médaille d'argent à l'exposition de 1819 : Cotons filés, n°s. 38, 66 et 150.

190 MM. *Risler* frères et *Dixon*, à Cernay (Haut-Rhin) : Cotons filés, Cotons retors, Cotons à coudre, Cotons à tricoter.

Numéros.

191 MM. *Weisshardt* et *Stockburger*, à Delle (Haut-
Rhin): Colle-forte.

192 M. *Ferry*, à Bagatelle près Colmar (Haut-Rhin):
Colle-forte.

193 MM. *Risler* frères et *Dixon*, à Cernay (Haut-
Rhin): Diverses pièces de Fonte coulées en sa-
ble vert.

194 MM. *Witz Stefan, Oswald frères et compagnie*,
à Niederbrück (Haut-Rhin): Cuivre rouge,
Laiton, Trait d'argent faux, Trait jaune.

195 M. *Jacquemin*, breveté d'invention, à Guebwiller
(Haut-Rhin): Moulin à bras, portatif.

196 M. *Vincent*, à Paris, rue de la Verrerie, n°. 39 :
Savon à dégraisser.

197 M. *Manceau*, à Paris, rue du Temple, n°. 61. Un
Chevalet à transvider la farine, une Brouette
pour transporter un sac de farine, une Romaine à pied pour peser, une Romaine suspen-
due, une Romaine pour peser, une Brouette,
une Balance projetée pour la halle à la farine,
une Balance mobile pour les sacs de farine.

198 M. *Dubois*, à Paris, rue du Faubourg-St.-Martin,
n°. 182 : Objets peints sur verre.

199 M. *Quenedey*, à Paris, rue Neuve-des-Petits-
Champs, n°. 15 : Papier-glace, deux Cadres
renfermant des fleurs peintes sur papier-glace.
Pains à cacheter transparens.
Pains à cacheter, à Camées.

200 M. *Lasserre*, à Paris, rue du Faubourg-St.-De-
nis, n°. 64: Une Caisse de Mastic à bitume, Divers autres objets analogues.

201 Madame veuve *Filhol*, à Paris, rue de l'Odéon,
n°. 35, éditeur de la *Galerie du Musée de*

France et du *Concours décennal*, qui obtint une médaille de bronze à l'exposition de 1819.

Dessins et Gravures encadrées du *Concours décennal* ;

Dessins et Gravures encadrées du Musée de France ;

Exemplaires reliés, épreuves avant la lettre et avec la lettre.

202 M. *Gilbert*, à Paris, rue du Croissant, n°. 9, mentionné honorablement à l'exposition de 1819 : un Calorifère, cinq Pièces en fonte et huit Cylindres en tôle.

203 M. *Sassier*, à Paris, rue Saint-Nicolas, n°. 49 : Un Atelier complet de serrurier (modèle).

204 M. *Lefauqueur*, à Paris, Cul-de-sac Berthaud, au nom de la veuve et des enfans du sieur *Louis Larne*, ouvrier constructeur de la Marine Royale au port de Cherbourg : trois Modèles de Vaisseaux construits sur l'échelle de proportion de trois lignes pour pied.

205 M. *Dubreuil*, à Paris, rue du Four - St. - Germain, n°. 55 : Modèle d'un Monument d'architecture.

206 M. *Poupillier* (*Nicolas*), à Paris, rue St.-Denis, n°. 189 : Articles de laines filées réunis sous verre dans un seul cadre.

207 M. *Delbeuf*, breveté d'invention, à Paris, rue du Dauphin, n°. 16 :

1°. Un Siége de lieux d'aisance inodore ;

2°. Un Siége de garde-robe portatif ;

3°. Une Cuvette de fosse d'aisance simple ;

4°. Un Calorifère sanitaire ;

5°. Une Bassinoire sanitaire ;

6°. Un Digesteur pour la cuisson des viandes et légumes.

Numéros.

208 M. *Ravinet*, à Paris, rue des Fossés-St.-Bernard, n°. 41 : Brocs de douze litres et autres.

209 M. *Bergeron*, à Paris, rue Ste.-Croix de la Bretonnerie, n°. 21 : Échantillons de teinture, et boules composées des couleurs qui ont servi à ces teintures.

210 M. *Marie* et Mme. *Henry*, à Paris, boulevard des Italiens, n°. 23 : un Fauteuil de forme antique en marqueterie, composé de 2587 Pièces d'incrustement en nacre, bois d'acajou, ébène et citron, couvert en velours de soie avec un H couronné et entouré de fleurs de lys brodées en argent.

211 M. *Paillard*, à Pierrefitte (Seine) : Noir extrafin; Noir de charbon de terre.

212 M. *Anger*, à Pierrefitte (Seine) : Échantillons de Cardes.

213 M. *Constant Pécantin*, à Paris, rue St.-Germain-l'Auxerrois, n°. 75 : Un Moulin à bras en fer et propre à moudre les grains.

214 M. *Lorimier* l'aîné, à Paris, rue des Minimes, n°. 12 : douze Barêmes cilindriques.

215 M. *Cnid* (*Charles*), à Paris, rue des Poulies, n°. 2 : Cravates élastiques.

216 M. *Félix*, à Paris, rue des Marmousets, n°. 25 : Flambeaux mécaniques fonctionnant seuls par l'action du combustible.

217 M. *Saint-Étienne*, à Paris, rue Neuve-St.-Eustache, n°. 32 : trois Schalls-cachemire.

218. M. *Didiée*, à Paris, rue d'Enfer, n°. 32 : Compas de nouvelle invention ; Atelier de ser-

rurerie en petit modèle à trois ligues pour pied, sous verre.

219 M. *Roger*, à Paris, rue du Faubourg-Montmartre, n°. 12 : Ouvrages de peinture d'armoiries.

220 M. *Enfert*, à Nevers (Nièvre) : deux Vases de faïence de Nevers, forme antique.

221 M. *Dequenne*, à Raveau, (Nièvre) : un Damas forme antique, avec poignée en cuivre; Échantillons d'acier propre à divers usages; Limes, façon d'Allemagne.

222 M. *Savaresse*, à Nevers (Nièvre) : Échantillons de Chanterelles à trois fils ronds, et de Cordes à quatre fils ronds.

223 M. *Huvelin de Bavilliers*, à Premery (Nièvre) : un Vase forme Médicis, une Charrue composée de quatre pièces, et une Tourtière composée de deux pièces, le tout en fonte de fer, première fusion.

224 M. *Berthier*, à Bizy, près de Nevers (Nièvre) : deux Ballots d'aciers à terre, propres aux instrumens aratoires; Échantillon de fonte.

225 M. *Courot-Rigé*, à Corbelin (Nièvre) : Aciers naturels bruts.

226 MM. *Boigues frères* et *Labbé*, à Fourchambauld (Nièvre) : Fers de diverses espèces et qualités.

227 MM. *Débladis*, *Auria Combe*, *Guerin jeune*, et *Bronzac*, qui, sous la raison Boigues, Débladis, Guérin, obtinrent une médaille d'or à l'exposition de 1819, à Imphy (Nièvre) : Fers blancs et noirs, Tôles étamées, Feuilles de cuivre, etc.

228 MM. *Hamelaerts et Compagnie*, à Paris, rue du Caire, n°. 7 : douze Boîtes du conservateur de la bouche, six Flacons d'élixir royal odontalgique.

229 M. *Berger* (*L. N.*), à Paris, rue de Sully, n°. 8, Cour de l'Arsenal : Crayons à coulisses couvertes, et autres.

230 M. *Mazier*, à Aubervilliers - les - Vertus, n°. 4 (Seine) : dix Objets relatifs aux abeilles.

231 M. *Louasse*, à Paris, rue du faubourg Saint-Antoine, n°. 91 : une Table de salon, un écran de cheminée en acajou.

232 M. *Didier*, à Paris, rue Percée-Saint-André, n°. 12 : Mastic-bitume-naturel de Seyssel pour couverture d'édifices, recouvrement de terrasses, corniches, etc. ; Echantillons de carrelage en petits cailloux consolidés avec le même mastic.

233 Mademoiselle *Muidbled* (*Héloïse*), à Paris, rue Cadet, n°. 36 : un Paysage flamand sur porcelaine.

234 M. *Pottié*, à Paris, rue de Tournon, n°. 31 : un Mausolée en fer poli.

235 M. *Souillard*, à Paris, rue des Vieux-Augustins, n°. 41 : l'Apothéose d'Auguste, exécutée en matière plastique; deux autres Tableaux renfermant plusieurs morceaux en bas-reliefs imitant les métaux et les pierres précieuses, etc. ; un Cadre d'armoirie, et une Boîte de composition propre à restaurer la porcelaine.

236 M. *Lefèvre*, à Paris, rue de la limace, n° 18 : un Fourneau économique contenant une étuve.

237 *La Maison centrale de détention* d'Eysses (Lot-

et-Garonne) : une Nappe de table, un Echantillon de grosse toile, une Couverture de laine, une pièce de Cadis.

238 M. *Renard*, à Paris, rue Gervais-Laurent, n°. 1, près le Quai aux Fleurs : Limes et Burins.

239 M. *Roussilhe*, à Paris, rue Château-Landon, n°. 19 : Echantillons de fil de lin à la mécanique.

240 M. *Fossey*, à Paris, rue du Caire, n°. 34 : Machine propre à cylindrer les chapeaux de paille.

241 M. *Reveroni*, à Paris, rue Chapon, n°. 4 : une Pendule.

242 Madame *Rohard*, née de Valois, à Paris, rue de Charenton, n°s. 52 et 67 : un Bocal contenant cinq onces de carmin fin.

243 M. *Valérius*, breveté d'invention, à Paris, rue St.-Germain-l'Auxerrois, n°. 90 : Modèles de bandages.

244 M. *Clément*, à Paris, rue Croix-des-Petits-Champs, n°. 23 : une Guitare en bois de citron, Cases en argent, Mécanique en cuivre doré ; une Basse (sans être vernie) avec une Mécanique en cuivre.

245 M. *Bergé* (*Victor*), à Labastide-sur-Lher (Arriége) : Echantillons de Jay.

246 MM. *Coulon*, père et fils, à Labastide-sur-Lher (Arriége) : Echantillons de Jay, Peignes en corne et en buis.

247 M. *Maurel*, à Laroque (Arriége) : un Bonnet blanc en laine.

248 M. *Vernus* (*Antoine*), à Pamiers (Arriége) : un Echantillon de drap marron, *idem* de ségovienne mélangée.

249 M. *Castel* (*Jean*), à Lavelanet (Arriége) : un Fusil à deux coups.

250 M. *Dastis* (*Jean-Baptiste*), à Lavelanet (Arriége), qui obtint une médaille de bronze à l'exposition de 1819 : une Pièce de drap couleur fleur de pensée.

251 M. *Dumas* (*Etienne*), à Lavelanet (Arriége), qui obtint une médaille de bronze à l'exposition de 1819 : un Echantillon de drap bleu, fabriqué avec la laine-mérinos de l'Arriége, un *idem* de drap gris mêlé.

252 *Le Dépôt de Mendicité* (Arriége) ; un Couvre-pied tricoté, un Schall tricoté, Echantillons de serviettes de basin et d'étoffe dite serge, chaîne en fil tramée à deux navettes laine et coton.

253 MM. *Senefelder et Compagnie*, à Paris, rue Servandoni, n°. 13 : Presses portatives, renfermant tous les accessoires et ustensiles lithographiques ; une grande planche lithographique avec un dessin dessus.

254 M. *Guillemin*, à Paris, au Marché-Neuf, n°. 28 : Parapluies.

255 M. *Duvergier*, à Paris, rue des Barres-Saint-Paul, n°. 9 : diverses Substances alimentaires.

256 M. *Sargeant* (*Isaac*), breveté d'invention, à Paris, allée d'Antin, n°. 19, Champs-Elysées : Roues de voiture et autres Objets y relatifs.

257 M. *Lecœur*, à Paris, rue du Contrat-Social, n°. 5 : une Pendule à colonne en verre filé, deux Boîtes *idem*.

258 M. *Juillien*, aux Fourneaux, commune de Mée (Seine-et-Marne) : Carreaux perfectionnés et Losanges pour carrelage.

259 M. *Michon*, entrepreneur général du service de la maison centrale de détention de Melun (Seine-et-Marne) : Tissu de duvet de chèvre mélangé, Sacs sans couture en tissu croisé, Coton Fernambouc filé.

259 *bis. Les Hospices de Provins* (Seine-et-Marne): Echantillons de diverses étoffes.

260 M. *Desurmont*, à Melun (Seine-et-Marne), mentionné honorablement à l'exposition de 1819 : Echantillons de tissus en coton, partie en écru, partie en blanc.

261 M. *Prailly* (*Antoine-Amable*), à Provins (Seine-et-Marne) : Cuirs tannés.

262 M. *Besson* (*Louis-Benjamin*), à Laferté-sous-Jouarre (Seine-et-Marne) : Laines peignées pour Schalls mérinos et Étoffes dites Barèges.

263 M. *Désagneaux*, à Crécy (Seine-et-Marne): Chapeaux réfrigérans ou sanitaires à jalousies.

264 M. *Moronval*, à Paris, rue Galande, n°. 65 : Un Cadre renfermant douze portraits de Rois de France.

265 M. *Magdonel*, à Paris, rue de l'Université, n°. 56 : une Table de trictrac en bois d'ormé, comportant 139 sortes de bois.

266 M. *Desmoulins*, à Paris, rue Ste.-Avoye, n°. 41 : Sulfure de Mercure.

267 M. *Hildebrand*, à Paris, rue Jean-Robert, n°. 26 : Sonnettes de table et d'appartement.
Un petit modèle de Cloche.
Un gros Grelot.

268 M. *Roger*, à Paris, rue Saint-Bon, n°. 4, près

Saint-Méry : Chapeaux, Toques et Visières vernies ; Tasses en cuir verni, etc.

269 M. *Claudel*, à Paris, cour des Fontaines, passage de Henri IV : Gilet à corps élastique.

270 M. *Salmon(Louis)*, à Paris, rue Regrattière, no. 8 : Cinq livres de Viande fraîche, réduite par la dessication à une livre huit onces.

271 M. *Bataille*, à Paris, breveté d'invention, passage Radzivill, n°. 48 : six Pièces de Coutellerie.

272 M. *Durieux*, à Paris, hôtel de la Banque de France : Papiers à calquer.

273 M. *Schmidt*, à Ménilmontant, n°. 24 (Seine) : Limes de toute espèce.

274 M. *Armonville*, à Paris, rue de Sèvres, n°. 11 : Tapis de pied économiques et de nouvelle invention.

275 M. *Chapelle*, à Paris, rue Thévenot, n°. 24 : Bougie transparente perfectionnée.

276 M. *Firmin*, à Paris, rue des Écrivains, n°. 22 : un Trophée en bois sculpté, dans une niche en bronze.

277 M. *Henri*, mécanicien, rue de l'Aiguillerie, n°. 7, à Paris : Pelles et Pincettes dorées et vernies ; Guéridons, Table ployante, un Lavabo, et un Support à recevoir et à battre les habits.

278 M. *Gillet*, à Paris, rue de Charenton, n°. 41 : mentionné honorablement à l'exposition de 1819 : Rasoirs de différentes espèces.

279 M. *Bonjour*, à Paris, rue des Fossés-du-Temple, n°. 77 : Dessus de Table imprimés sur toile vernie.

280 M. *Bauquer*, à St.-Denis (Seine) : Schalls de mérinos couleur palmes et réserve, etc.

281 M. *Moulin*, à Paris, à la Tour St.-Jacques de la Boucherie : Plomb de tous numéros pour la chasse.

282 M. *Astruc*, à Paris, rue Jean-Jacques-Rousseau, nº. 12 : Registres divers.

283 M. *Libert* fils, à Paris, rue des Billettes, nº. 9 : divers Ouvrages en nacre.

284 MM. *Coiffier* (*A.*) et *Compagnie*, à St.-Denis (Seine) : une Pièce de Calicot en écru.
Une Pièce de Calicot en blanc.

285 M. *Jolliet*, à Paris, rue du faubourg St.-Antoine, nº. 9 : une Pièce d'Etoffe de crin.

286 M. *Quennehem*, à Paris, rue des Audriettes, nº. 1 : mentionné honorablement à l'exposition de 1819 : trois Peaux façon de Russie ;
Quatre Peaux façon chinoise.

287 MM. *Demenou et Compagnie*, à Bonneval (Eure-et-Loir), et à Paris, rue Ste.-Avoye, nº. 19 : divers Tapis de pied et Carreaux.

288 M. *Verdun*, à Paris, rue Poissonnière, nº. 14 : un Salon et trois boîtes à Corbeille, en verre filé.

289 M. *Verzy*, à Paris, rue de Seine, nº. 12 : plan de Versailles en relief.

290 M. *Harmey* (*Joseph*), à Paris, rue de Pontoise, nº. 10 : Plaques et Rubans pour cardes.

291 M. *Lefaure* père, à Presles (Seine-et-Oise), et à Paris, rue du Faubourg-St. Denis, nº. 111 : un Fusil double, Canons à Rubans d'acier, Platine à système garnie en acier.

292 M. *Payen*, à Paris, rue du Doyenné, n°. 3 : Borax, sous - carbonnate d'ammoniac, Pains de Sel ammoniac, Alcali-volatil, Sous-phosphate de Soude, Sous-carbonnate de Soude, etc.

293 M. *Beugé*, à Paris, rue des Vieux-Augustins, n°. 62 : plusieurs Presses en fer forgé et poli, en cuivre et fonte, lesquelles sont destinées à divers usages.

294 M. *Chamant*, à Paris, rue de la Mortellerie, n°. 70 :
1°. Un Ellipse tracé.
2°. Un petit Pupitre portant dix Baguettes rabdologiques.

295 M. *Kermarec*, second maître Pompier au port de Brest (Finistère) :
1°. Un Modèle de Pompe foulante et aspirante, pour le service des bâtimens du Roi.
2°. Un Modèle de Différenciomètre, pour prendre le tirant d'eau intérieur des bâtimens.
3°. Un Modèle de Pompe à incendie, sur chariot.

296 M. *Rouan* (*Jean – Baptiste*), breveté d'invention, à Paris, rue du Marché - St. - Honoré, n°. 21 : Rouannettes Salvanat.

297 M. *Holzik*, à Paris, rue Neuve-des-Petits-Champs, n°. 101 : deux Paires de Sandales, une Paire de Bottines à Patins.

298 MM. *Cavaignac* et *Baulès*, à Paris, rue St.-Julien-le-Pauvre, n°. 5 : Encre d'imprimerie.

299 M. *Lacoste*, à Paris, rue du Coq, n°. 3 : Armoiries gravées sur cuivre.

300 M. *Lelong-Norbert*, à Paris, rue Grenéta, n°. 19 :

deux Colliers en or, Chaîne élastique can-
netille.

3o1 M. *Masset*, à Paris, rue du Petit-Pont, n°. 22,
qui fut mentionné honorablement à l'exposition de 1806: Couvertures de laine.

3o1 *bis. Le même* : Couvertures de coton.

3o2 M. *Fouju*, à Paris, rue du Roi-Doré, n°. 10, au
Marais : un Vase et trois Plaques en mastic
bitumineux.

3o3 M. *Vallier*, à St.-Denis (Seine) :
deux Sacoches sans couture.

3o4 M. *Auguste Gille* l'aîné, à Paris, rue de la Coutellerie, n°. 15 : Peignes, Rots et Lames pour
le tissage.

3o5 M. *Didot*, à Paris, rue du Petit-Vaugirard,
n°. 13 : treize Réglettes sous châssis en verre,
un Cadre doré à mettre des épreuves.

3o6 M. *Gonin* aîné, près le vieux pont de Sèvres (Seine) :
deux Cartes d'échantillons de mérinos teints
en diverses couleurs, pièces de Mousselines
jaune, bleue, etc., et une pièce Mérinos laine
et coton, couleur solitaire.

3o7 M. *Jacquot*, à Paris, rue Ste.-Anne, n°. 43 : Souliers imperméables pour dames.

3o8 M. *Vallon*, à Paris, rue St.-Denis, n°. 44 : Objets
de Coutellerie.

3o9 M. *Ternaux-Rousseau*, à Auteuil (Seine) : Echantillons de laine lavée.

3io M. *Sénéchal*, à Paris, rue St.-Sauveur, n°. 17 :
qui fut mentionné honorablement à l'exposition de 1819 : Ciseaux de tailleur et autres.

311 MM. *Bridier* frères, à Paris, rue Bertin-Poirée,
n°. 5 : Draps et Casimirs.

312 M. *Bergougnan*, à Paris, rue St.-Denis, n°. 308 :
Rasoirs à lames damassées et autres Objets
de Coutellerie.

313 M. *Pointiez*, à Paris, rue du Vertbois, n°. 8 : Ba-
gues et Boucles en acier.

314 M. *Allombert*, à Paris, rue Fontaine-au-Roi,
n°. 22, faubourg du Temple : Peignes en écaille
et en corne.

315 M. *Dejernon*, breveté d'invention, à Paris, rue
des Prêtres-Saint-Germain-l'Auxerrois, n°.
14 : Objets relatifs à l'écriture.

316 M. *Loiseau*, à Paris, rue de Bourbon, n°. 46,
éperonnier des écuries du Roi : Bridons, Mors,
Archettes assorties, et Eperons plaqués d'argent.

317 M. *Muret*, propriétaire de la manufacture du
Parc, à Châteauroux, qui obtint une médaille de bronze à l'exposition de 1819 : Draperie.

318 MM. *Bellanger*, père et fils, à Châteauroux
(Indre) : Draperie.

319 M. *Quevinot*, à Valençay (Indre), qui a obtenu
une médaille de bronze à l'exposition de 1819.

M. *Bordel*, à Valençay et à Châteauroux (Indre) :
Bonneterie de coton, de filoselle, etc.

320 M. *Brazier*, à la Châtre (Indre) : Semoule de
pommes de terre.

321 MM. *Thué* et *Mater*, fermiers de la forge de Cro-
zon (Indre) : Fer en verges.

3a2 M. *Butiau* aîné, à Paris, rue du Grand-Hurleur,
n°. 5 : un Modèle de Presse à l'usage des fonderies de suif.

3a3. M. *Mercier*, à Paris, rue Thibautodé, n° 20,
breveté d'invention : Parapluies s'ouvrant
seuls par le moyen d'une détente.

324 M. *Tallard* (*Louis - Joseph*), à Moulins (Al-
lier) : un Jupon et deux paires de Bas de
coton.

324 *bis. Le même :* trois paires de Bas de soie noire.

324 *ter. Le même :* une paire de Bas de cachemire.

3a5 MM. *Arnheiter* et *Petit*, à Paris, rue des Bouche-
ries, n°. 3o, Faubourg-St.-Germain : Séca-
teurs, Donne-Roses, Cisailles, Pinces annu-
laires pour empêcher la vigne de couler,
Ébranchoir, Écheniloir, Cueille-Haut ou
vendangeur, Cueille-Fruits à filet ou à Bourse,
Cadenas à combinaison.

3a6 M. *Leroy* (*Pierre*), à Paris, rue Bertin-Poirée,
n°. 9 : Piqués blanc et écru, Coutil blanc.

3a7 M. *Jeannin*, à Paris, rue de La Harpe, n°. 28 :
un Planétaire, ou machine uranographique de
moyenne grandeur.

3a8. M. *Pascal*, à Paris, rue Ste.-Marguerite, n°. 29 :
un Cadre contenant un Dessin exécuté en cheveux.

3a9 M. *le Comte de la Boulaye-Marillac*, breveté
d'invention, Directeur des teintures des manufactures royales, aux Gobelins : un Cadre
contenant des Échantillons de différentes
couleurs inaltérables; Coupons de drap teints
en écarlate; Étoffe de Damas couleur sur
couleur inaltérable.

Une chaudière avec ses accessoires, et avec modèle de mécanique en petit.

330 M. *Valory*, à Paris, rue Ste.-Avoie, n°. 9 :
Un Chapeau en plumes de Vautour ;
Un Chapeau en chenille et autres en paille ouvragée ;
Tabatière en paille doublée en écaille ;
Tabatière en jonc ;
Deux Casquettes en paille ouvragée.

331 M. *Petit*, à Aubusson (Creuse) : un Tapis ras, de quinze pieds sur quatorze et demi.

332 MM. *Boueyre*, *Dulery* et *Morelieras*, à Bourganeuf (Creuse) : Chapeaux communs fabriqués avec la laine d'agneaux de ce département.

333 MM. *Lenoir* et *Mauger*, à Seignelay (Yonne) : une Couverture en laine blanche.

334 MM. *Ansault-Chauvot*, à Toucy (Yonne), qui furent mentionnés honorablement à l'exposition de 1819 : Échantillons de draperie commune, dite *Poulangis*.

335 M. *Jacques Jaluzot*, à Toucy (Yonne) : Échantillons de draperie commune, dite *Poulangis*.

336 M. *le Marquis de Louvois*.
Cinq Lingots de fonte ; deux Écrous avec leurs vis et un Étau à main aussi en fonte, le tout provenant du haut-fourneau d'Ancy-le-Franc (Yonne.)

337 M. *Morizot*, à Tonnerre (Yonne) : un Échenilloir de nouvelle invention.

338 M. *Leblanc*, à Joigny (Yonne) : Échantillons de Capsules métalliques et de Cartouches imperméables pour les armes à feu.

33g M. *Duméril*, à St.-Julien Dufault (Yonne), mentionné honorablement à l'exposition de 1819: une Boucle d'acier poli et un Éventail tout en acier.

340 M. *Jean-Baptiste Allemand*, à Barcelonnette (Basses-Alpes) : Échantillons de draps communs.

341 M. *Brunel*, à Avignon (Vaucluse), qui fut mentionné honorablement à l'Exposition de 1819; M. *Cambacérès*, à Avignon (Vaucluse) : Soies teintes en rouge avec de la Garance.

342 M. *Brun*, à Avignon (Vaucluse) : Modèle d'une machine dont il est inventeur pour filer, doubler et organsiner les soies par une seule opération.

343 M. *Danse*, à Avignon (Vaucluse) : Laque produite par la garance

344 M. *Paillart-Vaillant*, à Paris, rue Neuve-St.-Nicolas, n°. 20 : Objets de corroyage.

345 M. *Choquet*, à Paris, rue des Jardins-St.-Paul, n°. 25, quartier de l'Arsenal : Rasoirs fins avec ornemens et autres.

346 M. *Lasserre* (*Jean-Pierre*), à Paris, rue de Monmorency-St.-Martin, n°. 40 : Rasoirs et objets de Coutellerie.

M. *Lenormand* (*Louis-Sébastien*), à Paris, rue St.-Germain-l'Auxerrois, n°. 75 : un Barreau d'acier fondu français, perfectionné et semblable à celui qui a servi à fabriquer les Objets ci-dessus indiqués. Un autre morceau d'acier brut de la plus mauvaise qualité, rendu égal en qualité au meilleur acier.

347 M. *Delacour*, à Tain (Drôme), qui fut mentionné

honorablement à l'exposition de 1819 : Soies filées provenant de la récolte de 1823.

348 M. *Richard Gernon*, à Paris, rue St.-Dominique, n°. 45 : Calorifères, Foyers et Garde-feu, provenant de la manufacture des Calorifères et Foyers salubres et économiques de feu *Désarnod*.

349 M. *Garnier*, à Paris, rue de Sorbonne, n°. 4 : Cadrans géométriques, Garnitures-supports, etc.

350 MM. *Larenaudière* et *Noël*, propriétaires de la manufacture d'encres, dites de la *Petite-Vertu*, créée en 1602, par Guyot, à Paris, rue du Mouton, n°. 5 : Encre de sûreté indestructible par les acides et alkalis; Encre rouge carminée inaltérable à l'air; Encre double luisante perfectionnée.

351 MM. *Dallemagne*, *Guibout et Compagnie*, à Paris, rue des Deux Portes-St.-Sauveur, n. 12 : Un Lys brodé.

352 *Les mêmes* : un Métier à Galons.

353 M. *Lheullier*, à Paris, rue de Bourbon, n. 45 : Charbon de terre préparé.

354 M. *Lamysenort*, à Paris, rue des Enfans-Rouges, n. 2 : trois Pieds Chaîne jaseron, n. 45 ; un Pied Chaîne très-grosse, n. 8.

355 M. *Leroy*, à Paris, rue St.-Antoine, n°. 64 : Objets de passementerie.

356 M. *Berrolla*, à Paris, rue Grenéta, n°. 4 : Trois Pendules à sujets et deux autres en bronze et acajou.

357 M. *Mattler* fils, à Paris ; rue Censier, n. 13, qui obtint une médaille d'or à l'exposition de

1819 : soixante-neuf Peaux maroquins de diverses couleurs.

358 M. *de Violaine*, propriétaire de la verrerie de Prémontré (Aisne) : Verres de toutes dimensions et de toutes couleurs.

359 M. *Lhote et divers autres Fabricans de vannerie fine*, à Origny en Thiérache (Aisne) : Paniers et Chapeaux en osier.

360 MM. *Samuel Joly et fils*, à St.-Quentin (Aisne) : Tissus en coton et fil.

361 *Les Mêmes* : Cotons filés des n. 213 à 291.

362 *Madame veuve Ferdinand Ladrière*, à St.-Quentin (Aisne) : Madapolam — Perkale — Basin gauffré — Basin câblé — Jaconat — Serviettes, Nappes.

363 MM. *Malézieux* frères et *Robert*, à St.-Quentin (Aisne) : — Piqués — Jaconat — Mousselines et Jaconats imprimés — Barège tissé — Cravates jaconats, Perkales et Mousselines brochés.

364 *Les Mêmes* : Tulles brodés, Tulles-méklin brodés, — Tulles-bobine brodés.

365 *Les Mêmes* : Linons, Batistes brochés.

366 M. *Dollé*, à St.-Quentin (Aisne), mentionné honorablement à l'exposition de 1819 : Linge de table damassé.

367 MM. *Dubois et Bertou-Piron*, à St Quentin (Aisne) : Zéphirine de gaze et Guinghans.

368 M. *David* (Jules), à St.-Quentin (Aisne) :, Perkale, — Basin câblé.

Numéros.

369 M. *Lefévre-Moussy*, à St.--Quentin (Aisne) : Tulles-Méklin.

370 M. *Dambrun de Vendelles*, à St.-Quentin (Aisne): Guinghams.

371 MM. *Chayaux* frères, à Sedan (Ardennes): Draps.

372 MM. *Chayaux Lombard et Monart*, à Sedan, (Ardennes) : Draps.

373 MM. *Ternaux et fils*, à Sedan (Ardennes), qui, sous la raison Ternaux frères, obtinrent une médaille d'or à l'exposition de l'an IX : Draps.

374 MM. *Laurent, Cunin, Gridaine et Bernard* (Jean-Baptiste), à Sedan (Ardennes): Draps.

375 MM. *Bacot* frères, à Sedan (Ardennes), qui sous la raison *Bacot* père et fils, obtinrent une médaille d'or à l'exposition de 1819: Draps.

376 M. *Roger Gilmaire*, à Sedan (Ardennes) : Draps.

377 M. *Poupart* (Abraham), à Lamoncelle (Ardennes), breveté d'invention : Machine à tondre les draps.

378 M. *Neveux-Godart*, à Chenois-ès-Rivières (Ardennes) : Bonneterie de laine.

379 M. *Lapie* fils, à Charleville (Ardennes), qui fut mentionné honorablement à l'exposition de 1819: Fourchettes étamées et polies, Gourmettes, Fiches, Gonds et Verroux.

380 M. *Osterwald* aîné, à Paris, rue Pavée-St.-André-des-Arts, n°. 5 : deux Cadres contenant

des Vues du Voyage pittoresque de la France, et des Petites Marines.

381 MM. *Noël (Francisque) et compagnie*, à Paris, rue des Deux-Portes, Ecole de Médecine, n°. 7 : plusieurs Cadres contenant des Portraits, des Monumens religieux ; les Têtes des héros français au palais d'Ossian, les Têtes d'Atala, Zéphir et Endymion, Ariane et Erigone.

382 M. *Regnault* fils, à Paris, rue du Faubourg-St.-Martin, n°. 250 : un nouveau Billard, dit Jeu de la Montoison, par brevet d'invention ; un Porte-queues ; deux Tableaux à marquer : le tout en acajou. Dix-huit queues et autres accessoires.

383 MM. *Chartron* père et fils, à St.-Vallier (Drôme) : deux Bobines de Soie, dont l'une blanche et l'autre jaune ouvrée en Crêpe ; une Flotte de Soie grège blanche ; une semblable Flotte de Soie grège jaune. Ces Echantillons sont du produit de l'année 1823.

384 M. *Bodin (Charles)*, à Saint-Donat (Drôme), qui obtint une médaille de bronze à l'exposition de 1819 : Un Mateau Organsin à deux bouts, jaune, provenant de Soies filées à quatre Cocons ; et deux autres Mateaux blancs, le premier filé à trois, et le second à deux Cocons, d'après les procédés à la *Gensoul*.

385 M. *Bossat*, à Saint-Vallier (Drôme) : quatre Mateaux de Soie ouvrée en Organsin, filée cette année.

386 MM. *Sambuc* et *Noyer*, à Diculefit (Drôme) : une Flotte de Soie grège.

387 M. *Bonnefoi*, à Diculefit (Drôme) : une Flotte de Soie grège.

Numéros.

388 MM. *Morin*, à Dieulefit (Drôme) : Daps.

389 M. *Eymieu*, à Saillans (Drôme) : divers Echantillons de Fantaisie filée, et un Echantillon de
Coton peigné.

390 MM. *Morin*, à Dieulefit (Drôme) : deux Toisons
provenant de leurs troupeaux.

391 MM. *Revol* père et fils, à Saint-Uze (Drôme) :
divers Articles de Poterie sans Vernis métallique.

392 MM. *Latune et compagnie*, à Blacons (Drôme) :
Papiers.

393 Madame *Cosseron*, à Paris, quai de l'École,
n°. 10 : Echantillons de Couleurs lucidoniques, de Papiers lucidoniques, et de Cirage
français ; Carreaux peints de diverses couleurs, et Ornemens.

394 M. *Cambray*, à Paris, rue Neuve-St.-Martin
n°. 19 : un Hache-paille anglais perfectionné,
un Moulin à bras, un Coupe-racine, Modèles
de Moulin à quatre paires de meules, de Moulin Ovide, de Machine à battre le blé, Hache-
paille à Cisaille et croissant.

395 M. *Joplère*, à Paris, rue du Temple, n°. 53 :
Baccus et Ariadne, Hérodias tenant la tête
de St. Jean-Baptiste, Vénus sortant du bain,
Cidippe, prêtresse de Diane, le Jugement de
Paris, Enée et Anchise, Descente de Croix,
etc.

396 M. *Bonnard*, à Paris, rue Philippeaux, n°. 27 :
deux Douzaines de petits Cadres noirs avec
cercles dorés.

397 M. *de Cavaillon*, à Passy (Seine) :
Charbon animal revivifié après avoir servi à

la décoloration des sirops, lequel a obtenu le prix de deux mille francs à la Société d'Encouragement.

3g8 M. *Pernet-Lainé*, à Paris, rue Poissonnière, n°. 21 : neuf feuilles Colle-forte, façon anglaise, clarifiée par un procédé qui ne détruit nullement le principe collant.

3g9 M. *Adam*, à Paris, rue du Plâtre-St.-Jacques, n°. 13 : un Cadre représentant le pont de Bordeaux.

400 M. *Roger*, à Paris, rue St.-Martin, n°. 275 : trois Toques en lacets de soie pour femme.

401 M. *Tiremarche*, à Paris, rue St.-Honoré, n°. 357 : Garde-robes mobiles et inodores avec ou sans réservoir d'eau.

402 M. *Cauvin*, à Paris, rue du Pourtour St.-Gervais, n°. 7 : une Pendule à colonnes composées d'écaille, d'ébène et de racine de bois ; neuf Nécessaires en bois de citronnier et en racine.

403 M. *Dufort fils*, à Paris, rue J.-J. Rousseau, n°. 18 : dix-neuf Carrés de cuir de déchet ; Souliers à Semelle imperméable, Formes, Embouchoirs en cuir.

404 M. *Chapuy*, à Paris, rue de Seine, n°. 56 : Épreuves lithographiques des planches des première et deuxième livraisons des cathédrales françaises.

405 M. *P. Langlumé*, à Paris, rue de l'Abbaye, n°. 4, Faubourg-St.-Germain : Dessin lithographique représentant S. A. R. Madame la Duchesse de Berri ; la Galerie de St. Bruno, de Lesueur ; autres épreuves lithographiques.

406 M. *Lefort*, breveté d'invention, à Paris, rue des

Prouvaires, n°. 10 : Modèle de Buanderies publiques, destinées à remplacer les Bateaux à lessive stationnés le long des rives de la Seine dans l'intérieur de Paris.

407 M. *Dehaule*, à Paris, boulevard Montmartre, n°. 21 : deux Paires de Bottes avec leurs Embouchoirs ; un Embouchoir ; six Formes ; une forme de division ; un Compas.

408 M. *Mourey*, à Paris, rue Neuve-St.-Roch, n°. 8 : une Paire de Bottes, Pantoufles et Mules de chambre, une Paire de Bottines en peau de chien.

409 M. *Lauzin*, à Paris, rue Saint-Martin, n°. 231 : Veaux vernis de couleur ; Chapeau-feutre vernis ; toque de chasse.

410 M. *Jourjon*, arquebusier à Rennes (Ille-et-Vilaine) : Fusil double, dont les sculptures représentent les douze Travaux d'Hercule.

411 M. *Paignon*, à Rennes (Ille-et-Vilaine) : Colleforte.

412 M. *Hamelin*, à Rennes (Ille-et-Vilaine) : Bougie et Cire en pain.

413 M. *Le Tarouilly*, à Rennes (Ille-et-Vilaine) : Bougie et Cire.

414 M. *Duhil*, à Fougères (Ille-et-Vilaine) : cinquante-six Échantillons de laines teintes.

415 *Le même* : Échantillons de draperies communes.

416 Maison de détention de Rennes, qui fut mentionnée honorablement à l'exposition de 1819 ; entrepreneur des travaux, M. *Ruel* : Toiles et Siamoises écrues.

417 Le même Entrepreneur : Ceintures, Nattes, et autres Objets en cheveux.

418 M. *Le Boucher-Villegaudin*, à Rennes, qui obtint une médaille d'argent à l'exposition de 1819 : Toiles à voiles de diverses qualités.

419 M. *Le même* : Fil à coudre.

420 *La Manufacture de la Pilletière*, à Rennes ; entre-preneurs, MM. *veuve Saint-Marc, Porten* et *Teliot*, qui furent mentionnés honorablement à l'exposition de 1806 : Toiles à voiles.

421 MM. *Morin-Dulevain* père et fils, à Rennes : Toiles à voiles.

422 M. *Gabriel Brehier*, à Rennes, qui obtint une médaille d'argent à l'exposition de 1819 : Peaux corroyées.

423 M. *Joseph Vatar*, à Rennes : Bougie et Cire en pain.

424 M. *Bernard* aîné, à Rennes : Chandelle écono-mique moulée.

425 M. *Bohard*, horloger à Rennes : une Broche mécanique.

426 M. *Rabier*, breveté d'invention, à Rennes : un Soufflet de forge, à double courant d'air.

427 La *Maison de détention de Rennes*, M. *Blouet*, breveté d'invention, sous-traitant pour les travaux des détenus : Chapeaux de paille-osier.

428 M. *Marcais*, à Rennes : Gants et Peaux pré-parées.

429 La *Maison de détention de Rennes*, M. *Ruel*, entrepreneur des travaux : Chapeaux de paille en tuyaux.

430 M. *Besson*, à Meûnes (Loir-et-Cher) : Pierres à fusil.

431 M. *Hervel*, à Meûnes (Loir-et-Cher) : Pierres à fusil.

432 M. *Argy - Guillet*, à Blois : Gants, peaux de mouton préparées.

433 La *Fabrique de charité* établie à Vannes (Morbihan), par madame *de Lamoignon*, veuve *Molé de Champlatreux*, qui fut mentionnée honorablement à l'exposition de 1819 : Dentelles et Tulles.

434 M. *Nogues*, à Rohan (Morbihan), qui obtint une citation à l'exposition de 1819 : Toiles à voiles.

435 MM. *Tallendeau* et *Doze*, à Pont-Kallec (Morbihan) : OEils-de-bœuf en verre blanc, pour les navires de la marine royale et du commerce.

436 M. *Mongolfier*, à Annonay (Ardèche), qui obtint une médaille d'or à l'exposition de 1819 : Papiers de diverses qualités et de différentes dimensions.

437 MM. *Chatonney-Leutner* et *Compagnie*, à Tarare, qui ont obtenu une médaille d'or à l'exposition de 1819 : Mousselines et Broderies.

438 M. *Simiot*, à Lyon : Clarinette à mécanique, sans âme, dont il est inventeur ; Basson.

439 M. *Bourget*, breveté d'invention, à Lyon : Orseilles et Cud-Beards.

440 M. *Fournet* fils, à Lyon : Peignes pour la fabrication des étoffes de soie.

441 MM. *Villeneuve* et *Mathieu*, à Lyon : Etoffes de Soie en dorures, pour ornement d'église et tentures d'ameublement.

442 MM. *Philippe Mallié* et *Compagnie*, à Lyon,

successeurs de la maison *Joseph Mallié* et *Compagnie*, dont le chef obtint une médaille d'or à l'exposition de 1806, et la décoration de la Légion-d'honneur à celle de 1819 : Velours et Satins.

443 M. *Goubely*, à Lyon : Ichtyo-colle française, extraite des écailles de poisson.

444 MM. *Villette* frères, à Lyon : Echantillon de Trait argent faux, Cuivre en bâton.

445 M. *Couchonnat*, à Lyon, qui a obtenu une médaille d'argent à l'exposition de 1819 : Robe satin façonné, à bordures volantes, Robe barège, Schalls fantaisie.

446 M. *Benoît Alais*, à Lyon : Tulle façonné et broché.

447 MM. *Depouilly et Pinet*, à Lyon, qui, sous la raison *Depouilly et compagnie*, obtinrent une médaille d'or à l'exposition de 1819 : Etoffes de soie pure, Etoffes de soie mélangée de coton, Crêpes, etc.

448 MM. *Glaise et Guigoud*, à Tarare : Mousselines unies, simples et façonnées, Broderies.

449 M. *St.-Olive* jeune, à Lyon : Etoffes de soie façonnées.

450 MM. *Brachet fils et compagnie*, à Lyon : Rubans de soie façonnés.

451 MM. *Bance et compagnie*, à Lyon, qui, sous la raison *Bance et Rast-Maupas*, obtinrent une médaille d'argent à l'exposition de 1819 : Crêpes et Gazes.

452 MM. *Dutilleu et compagnie*, à Lyon : Etoffes de soie façonnées, Satin gauffré, Duvets bombés,

Etoffes de soie fabriquées avec des matières indigènes, Etoffes soie et coton.

453 M. *Courlevat*, à Paris, rue des Carmes, n°. 5 : plusieurs Ouvrages reliés en maroquin, etc.

454 M. *Lachéré*, à Paris, passage du Saumon, n°. 4 : nouveau régulateur.

455 M. *Harel*, à Paris, rue de l'Arbre-Sec, n°. 50, qui obtint une médaille d'argent à l'exposition de 1819 : Fourneaux économiques, Fours portatifs, Coquilles, Poële-Fourneau, etc., nouvelles Cafetières en terre de Sarreguemines avec filtre en étain.

456 M. *Thiébaut*, à Nancy (Meurthe) : Echantillon de Marbre.

457 M. *Schmitz* jeune (*François*), à Nancy (Meurthe): Plumart et Soupape mobiles propres à être adaptés au récipient et aux cylindres d'une pompe à incendie.

458 M. *Chenut* jeune, à Nancy (Meurthe): une Robe de mousseline brodée au plumetis, et autres Articles, un Schall en tulle, Broderie lamée.

459 M. *Dupré* aîné, à Nancy (Meurthe): un Rasoir à baguette, garni en acre, incrusté en or, avec douze lames s'adaptant sur la même baguette.

460 M. *Gouazon*, à St.-Servan (Ille-et-Vilaine): Cordages pour la marine.

461 M. *Dupré*, breveté d'invention, à Lagneu (Ain): Chapeaux de paille, dite d'Italie.

462 MM. *Aynard et fils*, à Montluel (Ain), qui, sous la raison *Aynard et fils et Marion*, obtinrent une médaille d'argent à l'exposition de 1819 : Cuir-laine, Castorine, et autres Draperies.

463 Mademoiselle *Beuchot*, à Paris, rue de la Harpe, n°. 71: Deux Cadres renfermant des Ouvrages en cheveux.

464 M. *Treppoz*, à Paris, rue du Coq Saint-Honoré, n°. 3 : Objets de coutellerie.

465 MM. *Théault* et *Billard*, à Paris, rue Vivienne, n°. 15 : Dentiers à ressorts, et dents montées sur or et platine;
Dents minérales de nuances différentes.

466 MM. *Sevin de Beauregard* et *Vanhontem*, à Laigle (Orne): Aiguilles à coudre et à tricoter.

467 M. *Ridel-Beaupré*, à Crouptes (Orne): Echantillon de Toile cretonne.

468 M. *Hue*, à Laigle (Orne): Marteau propre à la taille des meules de moulin.

469 *Le même.* Filière pour tirer les fils des cardes.

470 M. *Motte*, à Aubry-le-Panton (Orne): Echantillons d'un tissus dit Drap-Motte.

471 M. *Girard*, à Moulin-la-Marche (Orne): Un Fusil.

472 M. *De Beaujeu*, à Bellon-sur-Huine (Orne): Six échantillons de Sucre et une bouteille de Sirop de betterave.

473 M. *Fontaine*, à Paris, cul-de-sac Saint-Martial, n°. 8, quartier de la cité : Vis de différens numéros.

474 M. *Laborde*, à Paris, rue Saint-Maur, n°. 50, faubourg du Temple : Un Batteur et double Frappeur pour coton;
Une Carde double en fin pour coton;
Une Tête d'étirage également pour coton.

475 MM. *Cesbron* fils frères, à Chemillé (Maine-et-
Loire): Calicots, Perkales, etc.

476 MM. *Joubert Bonaire et Giraud*, entrepreneurs
des Manufactures de Toiles à voiles d'Angers
et de Beaufort, qui furent mentionnés honorablement aux expositions de 1806 et 1819:
Toiles à voiles de toute espèce.

477 M. *Thareaux-Labrosse*, à Chollet (Maine-et-
Loire): Mouchoirs coton et fil.

478 M. *Thareaux-Labrosse*, à Chollet (Maine-et-
Loire), qui obtint une citation à l'exposition
de 1819 : Mouchoirs de fil.

479 M. *Badin* aîné et *Lambert*, à Vienne, qui, sous
la raison *Badin* frères et *Lambert*, obtinrent
une médaille d'argent à l'exposition de 1819 :
Drap croisé bon teint.

480 MM. *Merle* frères, à Vienne, qui sous la raison
Merle Pascal fils et *Pascal*, obtinrent une
médaille d'argent à l'exposition de 1819 :
Draps.

481 MM. *Odoard* frères et *Guillot*, à Vienne : Draps.

482 M. *Beaunier*, ingénieur en chef des Mines, à Rives (Isère), qui obtint une médaille d'or à l'exposition de 1819 : Aciers divers.

483 MM. *Blanchet* frères et *Kléber*, à Rives (Isère):
Papiers de diverses qualités.

484 M. *Barjon*, à Vienne (Isère): Papiers de diverses
qualités.

485 M. *Gentil*, à Vienne (Isère), qui obtint une médaille de bronze à l'exposition de 1806 : Cartons d'apprêt pour draperies, soieries, mousselines et satinage du papier.

486 MM. *Perrier* (*Augustin*) *et Compagnie*, à Vizile (Isère), qui furent mentionnés honorablement à l'exposition de 1806, pour des toiles peintes : Cotons filés de diverses qualités.

487 MM. *Joly*, frères, et *Perrin* (*Joseph*), à Voiron (Isère) : Toiles et Serviettes.

488 M. *Grégoire*, à Paris, hôtel Vaucanson, rue de Charonne, n°. 47, qui obtint une médaille d'argent en 1806 : divers sujets en Velours chiné imitant la peinture; Portefeuilles avec table des couleurs.

489 M. *Aubin*, à Paris, rue du Faubourg St.-Antoine, n°s. 99 et 101 : Armoire à gorge en bois d'acajou moiré, avec deux ronces sur le devant.

490 M. *Sandrin*, à Paris, rue Grange-aux-Belles, n°. 3, qui a obtenu une médaille d'argent à l'exposition de 1819, pour un métier à fabriquer les étoffes brochées en points de tapisserie : Fonds et Dessins de canapés, fauteuils, chaises, bergères, etc.

491 M. *Mellier-Ribeaucourt*, à Abbeville (Somme), mentionné honorablement à l'exposition de 1819 : Calicots.

492 M. *Armand Maquennehen*, à Escarbotin (Somme) : Cylindres cannelés propres aux filatures; Serrures de sûreté et Serrures à secret, et autres Articles de Serrurerie.

493 M. *Toustaint Cablet*, à Hallencourt (Somme) : Toiles à matelas.

494 M. *Hecquet d'Orval* (*Jean-Pierre*), breveté d'invention, à Abbeville (Somme), qui obtint une médaille de bronze à l'exposition de 1819 : Tapis et Moquettes.

495 M. *Morand* (*Laurent*), à Amiens (Somme), qui obtint une médaille de bronze à l'exposition de 1819 : Velours d'Utrecht.

496 M. *Martin-Liévin Boulanger*, à Harbonnières (Somme) : Bonneterie de laine et de coton ; Tricot.

497 M. *Firmin-François-Thomas Caron*, à Harbonnières (Somme) : Articles de bonneterie.

498 M. *Laurent* (*Henri*), à Amiens (Somme), qui obtint une médaille de bronze à l'exposition de 1819 : Tapis et velours d'Utrecht ; Moquettes à verges rondes.

499 M. *Soyer de Vallois* (*Frédéric*), à Amiens (Somme) : Poils de chèvre pour gilets, et Étoffes dites cuir de laine et coton ; Cuir de coton.

500 M. *Chantrel* (*Jean - Baptiste*), à Hangest (Somme) : Gilets de tricot de Laine à la Mécanique, Gilets maille fixe.

501 M. *Bleuze*, à Epchy (Somme) : Linge de table en Coton.

502 M. *Malezieux*, à Templeux-le-Guérare (Somme), qui a obtenu une Médaille de bronze à l'exposition de 1819 : Mouchoirs brochés.

503 M. *Ansiaux* (*Pierre-Jacques*), à Authie (Somme) : Velours, velvantines.

504 M. *Fontaine* (*Louis*), à Authie (Somme), qui a obtenu une Médaille de bronze à l'exposition de 1819 : Articles de Clouterie.

505 M. *Viollet-Letort*, à Tours (Indre-et-Loire) : Étoffes de Soie pour meubles.

506 M. *Diet-Philippeaux*, à Amboise (Indre-et-Loire) : un grand Tapis de pied, six petits et un Echantillon d'Etoffe écossaise.

5o7 M. *Chambellan-Petit*, à Amboise (Indre-et-Loire): un grand Tapis de pied et trois petits.

5o8 M. *Armfield*, à Château-Renault (Indre-et-Loire): Flanelles et Coatings.

5o9 M. *Sandrin*, à Paris, rue Grange-aux-belles, n°. 3: divers Echantillons de Laines teintes.

51o Mademoiselle *Armfield*, à Château-Renault (Indre-et-Loire): Flanelles et Coatings.

511 M. *Jacoby-Lesourd*, à Tours (Indre-et-Loire), qui a obtenu une citation à l'exposition de 1819: Bas de Filoselle.

512 M. *Besnard-Lagarde*, à Tours (Indre-et-Loire): Bas de Bourre de Soie.

513 MM. *Peltereau* frères, à Château-Renault (Indre-et-Loire), qui furent mentionnés honorablement à l'exposition de 1819 : Peaux de Cuir tanné.

514 M. *Saint-Bris*, à Amboise (Indre-et-Loire), qui obtint une médaille d'or à l'exposition de 1819: Aciers et limes.

515 M. *Pecard-Taschereau*, à Tours (Indre-et-Loire), qui obtint une médaille de bronze à l'exposition de 1819 : Minium et Plomb de chasse.

516 M. *Guillemot-Epron*, à Tours (Indre-et-Loire): Faïence.

517 MM. *Bellanger-Page*, *Leblanc*, *Carlier et Compagnie*, à St.-Cyr, près de Tours (Indre-et-Loire): Carreaux.

518 M. *Vaucelle*, à Tours (Indre-et-Loire) : Soie teinte en noir.

519 M. *Malaisie*, à Paris, rue aux Ours, n°. 16: Eau dite de Stahl.

520 M. *Horiet*, à Tours (Indre-et-Loire) : nouvel Engrenage.

521 M. *Tissot* aîné, à Paris, quai de la Grève, n°. 80 : un Mouvement libre, sans frottement; un Treuil à double force, avec lequel deux hommes peuvent enlever un fardeau de 2,000 kilogrammes.

522 MM. *Tourangin* frères, à Bourges (Cher), qui furent mentionnés honorablement à l'Exposition de 1819 : Draperies.

523 *Les mêmes*. Couverture.

524 *Les mêmes*. Laine filée.

525 MM. *Aubertot* père et fils, à Vierson (Cher), qui furent mentionnés honorablement à l'Exposition de 1819 : une Bande d'Embature de roue, percée à froid à la mécanique avec une vis de pression, dont le balancier est mis en mouvement par l'eau ; Fer rond, Fer petit-feuillard.

526 M. le comte de *Lamerville*, à Laperisse (Cher) : Echantillons de Laine.

527 M. *Busson*, à Villeneuve (Cher) : Echantillons de Laine.

528 MM. *Hall* et *Guyon*, entrepreneurs de la manufacture de faïence façon anglaise de Gien-sur-Loire, Dépôt rue Amelot, n°. 64, à Paris : Objets en Faïence.

529 M. *Motte*, à Paris, rue des Marais, n°. 13, faubourg St.-Germain : Epreuves lithographiques.

530 *Le même* : une Presse lithographique.

531 M. *Petit*, à Paris, rue Caumartin, n°. 15 : une Voiture mécanique.

Numéros.

53₂ M. *Quemel*, à Montmartre (Seine): Mastic hydrofuge propre à différentes applications.

533 M. *Salivet*, à Paris, rue de Vaugirard, n°. 38. Eau de Cologne.

534 M. *Coquel-Valle*, à Arras (Pas-de-Calais), qui obtint une médaille d'argent à l'exposition de 1819 : Bonneterie.

535 Madame veuve *Pley*, à Saint-Omer (Pas-de-Calais), qui fut mentionnée honorablement à l'exposition de 1819 : Draps.

536 Madame veuve *Cauche-Fiolet*, à Saint-Omer, (Pas-de-Calais) : Tulles et Dentelles.

537 Madame *Mayer*, à Paris, rue du Temple, n°. 121 : Un Corset.

538 M. *Werdet*, à Paris, boulevard Saint-Antoine, n°. 17 : un Echantillon de drap teint en pièce couleur écarlate par la garance.

53₉ M. *Bouchon* (F.) aîné, à Niort (Deux-Sèvres), mentionné honorablement à l'exposition de 1819 : Peaux de daim et de mouton; Gants.

54₀ MM. *Christin* l'aîné, père et fils, à Niort (Deux-Sèvres), mentionnés honorablement à l'exposition de 1819 : Peaux de daim et de mouton; Gants.

541 M. *Lucet* (E.), à Niort (Deux-Sèvres) : Peaux de daim; Gants.

54₂ MM. *Noirot* et *Ferret*, à Niort (Deux-Sèvres): Peaux de daim, de veau et de mouton; Gants.

543 M. *Susbielle*, aux Fontenelles près Niort (Deux-Sèvres) : Cuir à la Jusée.

544 M. *Texier* (D.), à Niort (Deux-Sèvres), qui obtint une mention honorable à l'exposition

de 1819 : Peaux d'agneau, de daim, de mouton, de veau et de buffle ; Gants.

545 M. *Bonnet-Renaudin* . à Parthenay (Deux-Sèvres) : un Coupon de tiretaine.

546 M. *Guillon-Moreau*, à Parthenay (Deux-Sèvres) : Serge croisée.

547 M. *Lamoureux-Bonnet*, à Parthenay (Deux-
Sèvres) : un Coupon de drap.

548 M. *Simon-Lathaume*, à Saint-Maixent (Deux-
Sèvres) : Serges.

549 M. *Laydet*, fils aîné, à Niort (Deux-Sèvres) :
Gants.

550 M. *de Joly*, architecte du ministère de l'intérieur et de la chambre des députés, rue Ra-
meau, n°. 8 : Lave d'Auvergne.

551 M. *Ostervald*, à Paris, quai des Grands-Augustins, n°. 25 : Estampes en couleur du voyage
pittoresque dans les ports et sur les côtes de
France ; seize Médailles de la galerie numis-
matique des généraux.

552 M. *Guibal* (*L.*), à Paris, quai Morland, n°. 1 :
Echantillons de laine filée.

553 M. *Julien* (*Antoine-André*), à Paris, rue Saint-
Sauveur, n°. 18, qui obtint une médaille de
bronze à l'exposition de 1819 : Poudre pour
clarifier les vins et les eaux-de-vie, etc.

554 *Le Même.* Canelles, Siphon, Entonnoirs et
Pompes aërifères, et autres Objets destinés à
transvaser les liquides.

555 *Le Même.* Cæcographe, à l'aide duquel les per-
sonnes qui perdent la vue peuvent continuer
d'écrire droit sur du papier de toute grandeur.

Numéros.

556 Madame veuve *Crozet*, à Paris, rue St.-Marc, n°. 15 : Eau de Cologne.

557 M. *Michell Schelheimer*, breveté d'invention, à Paris, rue de la Verrerie, n°. 46 : Peintures sous glace et sous verre, Miroirs multiplians.

558 M. *de Wendel*, aux Forges de Mayœuvre et d'Hayange (Moselle) : Fer, Tôles, Ferblanc.

559 M. *Hisette*, à Metz (Moselle) ; mentionné honorablement à l'exposition de 1806 : Bas-relief en tôle refoulée, représentant les bustes de Louis XVIII et d'Henri IV.

560 *Le Même*. Deux Vases et une Pendule en acier poli.

561 M. *Guerre*, à Langres (Haute-Marne) : Couteaux, Canifs, Rasoirs.

562 M. *Collin*, à Brevannes (Haute-Marne) : Taille-plume.

563 *Des Jeunes ouvriers*, à Nogent-le-Roi (Haute-Marne) : Couteaux, Ciseaux, Canifs.

564. M. *Dessoye*, à Brevannes (Haute - Marne) : Limes et Burins.

565. M. *Mollot*, à Langres (Haute-Marne) : Bougies.

566. MM. *D'autremont et Doyen*, à Villepreux (Seine et Oise) : Laines filées à la mécanique. — Une pièce Tissu mérinos.

567. M. *Bourgeois*, à Rambouillet (Seine-et-Oise) : Une Toison de brebis mérinos, des Échantillons de Laine lavée et en suint.

568. M. *Fessart*, à Versailles (Seine-et-Oise) : Eau-de-vie de fécules de pomme de terre et de marc.

569 M. *Cordier*, à la Ferté-Aleps (Seine-et-Oise) :
Cotons filés.

570 M. *Féray*, à Essonnes (Seine-et-Oise). Divers
Services de table damassés en coton ; Linge de
table ouvré en coton.

571 *Maison centrale de Poissy* (Seine-et-Oise) : Bi-
jouterie-Tabletterie.

572 M. *Michon*, Propriétaire de la filature et de la
fabrique de tissage établies dans la maison de
correction de Poissy (Seine-et-Oise) : Une
pièce de Perkale.

573 *Maison centrale de Poissy* (Seine-et-Oise) : Passementerie.

574 M. *Mouchel fils*, à L'aigle (Orne), qui obtint
une médaille d'or à l'exposition de 1819 : une
Caisse en bois renfermant sous verre et exécutés en cuivre, les instrumens propres à tré-
filer toutes sortes de métaux. — Plus divers
Echantillons de tréfillerie en cuivre, en fer et
en zinc.

575 M. *Desvaux* (*Guillaume-Éléonore*), à Gouvieux,
arrondissement de Senlis (Oise) : Basins.

576 M. *Lebœuffle* (*Louis*), à Cives-les-Mello, arrondissement de Senlis (Oise) : Calicots.

577 M. *De Cannecaude fils*, à Andeville, arrondissement de Beauvais (Oise) : Ouvrage en corne,
Eventails.

578 *Lefèvre-Jacquet* aîné, à Beauvais (Oise) : Schalls
et Draps imprimés.

579 M. *Barthelemy* (*Giles*), à Paris, rue St.-Victor,
no. 116 (Seine) : une Couverture laine mérinos.

Numéros.

579 *bis*. M. *Barthélemy (Giles)*, à Paris, rue St.-Victor, n°. 116 (Seine) : une Couverture de coton lisse n°. 75.

580 M. *Kres* aîné, à Paris, rue Grenéta, n°. 36 : Ustensiles de pêche et de chasse.

581 M. *Caron-Langlois*, à Beauvais (Oise), qui obtint une médaille d'argent à l'exposition de 1819 : Toiles demi-Hollande.—Blanchiment.

582 Madame veuve *Bourgeois*, à Beauvais (Oise) : quatre Tapis.

583 M. *Gaillard de St.-Germain*, à Lebequet, arrondissement de Beauvais (Oise) : Couperose verte.

584 M. *Chemin*, à Paris, rue de la Ferronnerie, n°. 4, mentionné honorablement à l'exposition de 1819 : Balance-Brouette, Balance-Console, diverses Balances d'essai, Balance pour le numérotage des cotons filés, Balance dite Médurck, une Trémie.

585 M. *Cercueil*, à Paris, rue haute des Ursins, n°. 8. (Seine) : Échantillons de teinture sur laine.

586 MM. *Paillon frères, et Rivereux*, à Paris, rue Saint-Denis, n°. 154 (Seine) : Rubans.

587 M. *D'Ectégoyen, (J. L. B.)*, à Paris, rue Grange-aux-Belles n°. 19 : Échantillons de bourre de soie filée à la mécanique.

588 M. *Rémond*, à Versailles, (Seine-et-Oise) : Limes.

589 M. *Orgiazzi*, à Paris, rue de la Harpe, n°. 102 : Cinq Cadres contenant l'Architectonographie des théâtres de Paris,
Une carte d'Espagne gravée par un nouveau procédé,

Une carte de l'Empire Ottoman collée et sur gorge.

590 MM. *Le Baron Gency et Metcalfe* à Meulan (Seine-et-Oise) : un Ruban de Cardes.

591 M. *Cardon*, à Langlée, près Montargis (Loiret) : Cotons filés.

592 M. *Crignon de Montigny*, à Orléans (Loiret) : Sucre.

593 M. *Gilbert (Laurent)*, à Orléans (*id.*) : Creusets et briques réfractaires.

594 M. *Zanole*, aîné, à Orléans (*id.*) : Étrilles et Chandeliers.

595 MM. *Masson et Grillon*, à Orléans (*id.*) : Étrilles et Chandeliers.

596 MM. *Monmonceau, père et fils et Compagnie*, à Orléans (*id*), qui obtinrent une médaille d'or à l'exposition de 1819 : Limes et Râpes, Acier cémenté.

597 MM. *Benoist, Mérat et Desfrancs*, à Orléans (*id.*), qui obtinrent une médaille d'argent en 1819 : Bonneterie orientale.

598 MM. *Deloynes, Benoist, Hallier, Dujoncquoy et Compagnie*, à Orléans (*id.*), qui obtinrent une médaille de bronze à l'exposition de 1819 : Articles de bonneterie orientale, Gasquets turcs.

599 MM. *Jacquet, Demay et compagnie*, à Orléans (*id.*) : Couvertures de coton, Couvertures laine mérinos.

600 MM. *Mouvet et Mathieu*, à Saint-Privé près Orléans (*id.*) : Blanc de Céruse.

Numéros.

6o1 M. *Morin de Guerivière*, à Paris, rue Chapon, n°. 2 *bis* : Objets en plaqué d'argent.

6o2 M. *Touron*, à Paris, rue Mondétour, n°. 35 : Couteaux de table.

6o3 MM. *Rochet-Sirodot* et *Compagnie*, à Bèze (Côte-d'or) : Limes et Acier.

6o4 M. *Troisgros* (*Nicolas*), à Dijon (Côte-d'Or) : Vinaigre de vin.

6o5 M. *de Gouvenain*, à Dijon (Côte-d'Or), qui obtint une médaille de bronze à l'exposition de 1819 : Vinaigre distillé et non distillé.

6o6 M. *B. Bérard*, à Montpellier (Hérault), qui obtint une médaille d'argent à l'exposition de 1819 : Alun et Produits chimiques.

6o7 M. *Poujet*, à Montpellier (Hérault) : Verdet cristallisé.

6o8 M. *Fulcrant-Captier* jeune, à Lodève (Hérault) : Draps mélangés et autres.

6o9 M. *Larguèze* cadet, à Montpellier (Hérault), qui obtint une citation à l'exposition de 1819 : Cuirs et Peaux.

61o MM. *Jacqueminot-Aubert* et *Compagnie*, à Bar-le-Duc (Meuse) : Cotons filés.

611 M. *Guillemin* (*Léopold*) fils, à Commercy (Meuse) : Perkalines et Toiles dites *Léopoldines*.

612 Madame veuve *Colson*, à Bar-le-Duc (Meuse) : Confitures de Bar.

613 M. *Nicolas*, à Verdun (Meuse) : un Fusil à piston.

614 M. *Bradefer*, régisseur des forges de Naix

(Meuse) : Acier fabriqué avec de la vieille ferraille.

615 M. *Douïnet*, à Paris, rue de Bourbon-Villeneuve, n°. 29 : Schalls, façon cachemire.

616 M. *Charles-Thomas-Denis Mouchard*, à Angoulême (Charente) : Creusets.

617 MM. *H. Lacourade* et *Georgeon*, près d'Angoulême (Charente), qui obtinrent une médaille de bronze à l'exposition de 1819 : Papiers.

618 MM. *Bureau* et *Compagnie*, à l'Houmeau (Charente) : Outils aratoires ; Outils de tonnellerie.

619 M. *Clavaud*, à Venil-Canton (Charente) : Papiers.

620 M. *Lacroix* jeune, au moulin de St.-Cybard-sous-Angoulême (Charente), mentionné honorablement à l'exposition de 1819 : Papiers.

621 M. *Delâge* fils, à St.-Michel (Charente) : Toiles métalliques ; Formes à papier.

622 M. *Tardät* fils, à Angoulême (Charente) : Dessin en traits d'écriture, représentant l'Enlèvement de Proserpine.

623 M. *Laroche* puîné, à St.-Michel (Charente), mentionné honorablement à l'exposition de 1819 : Papiers.

624 M. *Poirier Tirouset*, à Laval (Mayenne) : Coutil-Coton de diverses sortes.

625 M. *Chamant-Tirouflet*, à Laval (Mayenne) : Basin, Course et Mouchoirs.

626 M. *Gautheur* (*Joseph*), à Château-Gontier (Mayenne), qui a obtenu une citation à l'exposition de 1819 : Toiles écrues et blanches.

Numéros.

627 M. *Cousin* (*François*) , à Château--Gontier (Mayenne) : Toile blanche.

628 Madame veuve *Dulaurent et fils*, à Laval (Mayenne), qui a obtenu une citation à l'exposition de 1819 : Calicots de diverses couleurs.

629 MM. *Plaichard--Dutertre frères* , à Laval , (Mayenne), qui ont obtenu une citation à l'exposition de 1819 : Mouchoirs , Toile croisée.

630 M. *Villoteau* , à Laval (Mayenne) : Croisé rayé.

631 M. *Lebail* (*Eugène*), à Monsûrs (Mayenne) : Un Coupon de Toile.

632 MM. *Truet et Biarès* , à Laval (Mayenne) : Calicots de diverses couleurs.

633 M. *Herzog* , à Paris, rue Meslay , n° 53 : une Pendule en marqueterie.

634 M. *Geslin* , à Paris, rue St.-Honoré , n° 188 : Eau Royale , dite de Cologne.

635 M. *Lambert* , à Paris, rue Fontaine-au-Roi , n° 12, Faubourg du Temple : Cardes à laine et à coton.

636 M. *Raimbeaux* , à Paris , rue Bailly , n°. 1 : Tour en l'air, dit Bidet ; un étau d'une nouvelle forme.

637 M. *Lecouturier* , à Paris, rue de Ménil-Montant, n°. 67 : Une Machine à vapeur à haute pression.

638 M. *Pontier fils* , à Paris , rue Hauteville, n° 1 : Un Cadre contenant une étude de fleurs d'après nature.

639 MM. *Legardeur frères et Delorme* , à Sedan et Bazeilles (Ardennes) : Draps et Casimirs.

640 M. *Huet de Guerville et fils* à Sedan (Ardennes):
Draps et Casimirs.

641 MM. *Poupart (J. A.) de Neuflige et fils*, à Mouzon, Sedan et Angecourt(Ardennes), qui obtinrent une médaille d'argent à l'exposition de 1819 : Draps et Casimirs.

642 M. *Beauduin-Servais* , à Sedan (Ardennes):
Echantillons de Poils filés pour lisières.

643 M. *Dieudonné Evrard* , à Rhetel (Ardennes):
Laine peignée, métisse et filée.

644 MM. *F. Debehr* et fils , à Givet (Ardennes):
Pains de blanc de plomb et de céruse.

645 M. *Toussaint*, à Paris, rue Basse-du-Rempart, n°. 64 : un Coffre-fort en fer avec moulures et ornemens allégoriques en cuivre ciselés et dorés ; une Serrure fermant avec panneton mobile, Clefs jumelles, Ferrures de porte, Cache-entrée à combinaison, Serrure de caisse.

646 MM. *Dugas Vialis, Esnault jeune et compagnie* , à Paris, rue St.-Denis, n°. 266, qui obtinrent une mention honorable à l'exposition de 1806 : Rubans de soie.

647 M. *Seillière* , à Nancy (Meurthe), mentionné honorablement à l'exposition de 1819 : Drap pour la troupe.

648 M. *Bully*, à Paris, rue St.-Honoré, n°. 259 : Vinaigre aromatique et anti-méphitique, servant pour la toilette, Elixir pour les dents.

649 M. *Werner*, à Paris, rue Grenelle-St.-Germain, n°. 126, qui obtint une médaille d'argent à l'exposition de 1819 : divers Objets d'ébénisterie.

650 M. *Guillaume*, à Paris, rue du faubourg Saint-Martin, n°. 97, mentionné honorablement à l'exposition de 1819: deux Modèles de Char-

rue, un Défonceur, un Hache-paille, et autres Instrumens aratoires.

651 M. *Picard*, à Paris, rue de l'Echelle, n°. 3 : un Surveillant, Mécanique.

652 MM. *Florentin, Coyère et compagnie*, brevetés d'invention, à Paris, rue du Caire, n°. 9 : Chapeaux de paille.

653 M. *F. Delorme*, à Paris, rue Geoffroi-Lasnier, n°. 18 : Ecrans de velours à l'aiguille, Tapis veloutés, Tabourets velours relief.

654 MM. *Grellet* père et fils, à Paris, rue du Bac, n°. 32 : Tapis en laine, Tapis en bouc et poil de chèvre.

655 M. *Fouques*, à Pont-Saint-Ours (Nièvre), qui obtint une médaille d'argent en 1819 : Tôles, Limes et Fers noirs.

656 M. *Meideck*, à Paris, rue St.-Sauveur, n°. 49 : Forté-Pianos de sa fabrique.

657 M. *Lemare*, breveté d'invention, à Paris, Pont-Neuf, maison Corby : Caléfacteurs, Cafetières et Réchauds.

658 M. *E. J. L. Guyot*, à Paris, rue du Mouton, n°. 5, représenté par M. Adolphe Renard, rue St.-Jacques-de-la-Boucherie, n°. 29 : Cire transparente, destinée à prévenir les contrefaçons qui se font dans le commerce des liquides.

659 M. *Rousset*, à Paris, rue Guérin-Boisseau, n°. 45 : Cordes à instrumens.

660 MM. *Bruneel (Pierre-François)* et *Callemien*, à Lille (Nord) : Linge de table.

661 M. *Cuvru de Suremont*, à Roubaix (Nord), mentionné honorablement à l'exposition de 1819 : Tissus de coton et Tissus de coton mélangé.

662 M. *César Piat*, à Roubaix (Nord) : Tissus de coton mélangé.

663 M. *Florin Bossut*, à Roubaix (Nord) : Satin et
Prunelle noirs, laine et coton.

664 M. *Defresnes (Louis)*, à Roubaix (Nord) : Casi-
mir-Siam mélangé de coton.

665 Madame veuve *Desurmont Tiberghien*, à Turcoing (Nord) : Satin extra-fin, lin et coton.

666 M. *Delobel Desurmont*, à Turcoing (Nord) :
Satin, Lin et coton.

667 M. *Duvillier (Ferdinand)*, à Turcoing (Nord) :
Bouracan et Circassienne, laine et coton.

668 M. *Marlière (Etienne)*, à Valenciennes (Nord) :
Dentelles.

669 M. *Debuchy (François)*, à Lille (Nord) : Buffline
rayée et unie.

670 M. *Steverlinck (Florentin)*, à Lille (Nord) :
Bleu d'azur.

671 M. *Dorchies-Herbo*, à Saint-Amand (Nord) :
Porcelaine.

672 M. *Leblanc (Julien-Thimotée)*, à Lille (Nord) :
Coton filé.

673 MM. *Fiévet (Charles)* et fils, à Lille (Nord),
mentionnés honorablement à l'exposition de
1819 : Coton filé.

674 MM. *Blondeau*, frères, à Lille (Nord) : Coton
filé.

675 MM. *Wallard*, frères et sœurs, à Lille (Nord) :
Coton filé.

676 MM. *Flament*, frères, à Lille (Nord) : Coton
filé.

Numéros.

677 M. *Charles Lambert*, à Lille (Nord), qui obtint
une médaille d'argent à l'exposition de 1819 :
Coton filé.

678 MM. *Watel, Coursier* et *Florin Scheppers*, à
Roubaix (Nord) : Coton filé.

679 M. *Defrenne* (*Paul*), à Roubaix (Nord) : Coton
filé.

680 M. *Auguste Defrenne*, à Roubaix (Nord) : Coton filé.

681 M. *Lambry-Scrive*, à Lille (Nord) : Tulle uni.

682 M. *Pollet-Lefebvre*, à Turcoing (Nord) : Laine
filée à la main.

683 M. *Ferdinand Duvillier*, à Turcoing (Nord) :
Laine filée à la mécanique.

684 M. *William Drabble*, à Douay (Nord) : Fil de
lin, filé à la mécanique.

685 MM. *Mestivier* et *Hamoir*, à Valenciennes
(Nord) : Batistes blanche et écrue.

686 MM. *Denimal* et *Miniscloux*, à Valenciennes,
(Nord) : Tissus métalliques.

687 M. *Hasard*, à Valenciennes (Nord), mentionné
honorablement à l'exposition de 1819 : Batiste
blanche superfine.

688 Madame veuve *Delloye* et fils, à Cambrai (Nord),
qui obtinrent une médaille de bronze à l'exposition de 1819 : Mouchoirs de batiste, Madras, Fil en bobine et Fil superfin.

689 M. *Auguste Mille*, à Lille (Nord), qui obtint
une médaille d'or à l'exposition de 1819 : Coton filé.

690 MM. *Fremaux* frères, à Lille (Nord) : Coton
filé.

691 Madame veuve *Defrennes*, à Roubaix (Nord):
Coton filé.

692 M. *Pierre-Louis Leclercq*, à Roubaix (Nord):
Alliage métallique.

693 M. *Fouquier* fils, à Roubaix (Nord) : Peignes
d'acier poli.

694 M. *Henry Müller*, à Saint-Amand (Nord):
Colle-forte.

695 MM. *Reumont-Wicart* et *Beels* frères, brevetés
d'invention, à Lille (Nord): Fleurs de farine
de sarrasin.

696 MM. *Scrive* frères, à Lille (Nord) : six Cardes
superfines.

697 M. *Charles Norbert Poëlman*, à Wazèmes
(Nord): Blanc de céruse, Lames de plomb
oxidées.

698 MM. *Fauve* et *Dupré*, à Wazèmes (Nord):
Céruse.

699 M. *Arnold Haucitz*, à Lille (Nord): une petite Voiture, modèle à flèche et essieux mou-
vans.

700 M. *Robert Ranson* fils, à Lille (Nord) : un Engrenage pour pompe à feu, des Engrenages de
cardes et de roues cônes, en fer de fonte.

701 M. *Gancel*, mécanicien à Cambrai (Nord): une
Pompe à incendie encaissée dans sa bache.

702 M. *Audot*, à Paris, rue des Maçons-Sorbonne,
n°. 11 : quatre Cadres contenant l'herbier de
l'Amateur, un *idem* l'œuvre de Canova.

703 M. *Roux*, breveté d'invention, à Paris, rue
Gît-le-Cœur, n°. 6 : Carreaux en terre cuite
colorés.

704 M. *Monin*, à Paris, rue Dauphine, nᵒ. 12 :
Rasoirs.

705 M. *Roard*, à Paris, rue Moutmartre, nᵒ. 124,
qui obtint une médaille d'or à l'exposition de
1819 : Produits de sa fabrique de Céruse de
Clichy, Minium, Mine-orange, Blanc d'argent, et autres préparations de Plomb, dont
le Dépôt est rue Moutmartre, nᵒ. 160.

706 M. *Esnault*, à Paris, Boulévard Bonne-Nou-
velle, nᵒ. 12 : Eau de Cologne.

707 M. *Porché*, à Paris, rue de Moutmorency, nᵒ.
48 : une Machine hydraulique portative.

708 M. *Dedelly* fils, à Lille (Nord) : un Mouvement
composé de 7200 pièces pour un métier à fabriquer des Tulles bobinettes.

709 M. *Dubus-Bonnel*, à Lille (Nord) : Echantillons
de Lin et Fils de lin teints.

710 MM. *Japy* frères, brevetés d'invention, à Beau-
court (Haut-Rhin), qui obtinrent une médaille d'or à l'exposition de 1819 : Charnières
en fer et en cuivre, Vis à bois, Anneaux,
Vrilles, Serrures, Mouvemens de montre et
un Réveille-matin.

711 M. *Brissiel*, à Paris, rue des Nonandières, nᵒ. 19 :
Lampes à colonne et autres.

712 M. *Pérot*, à Paris, rue Neuve-des-Mathurins,
nᵒ. 26 : un Cadre contenant la Charte consti-
tutionnelle manuscrite.

713 MM. *Berard* frères et *Vétillard*, au Mans (Sarthe), qui furent mentionnés honorablement
à l'exposition de l'an X : Toiles blanc au lait,
mi-blanc, etc.

714 M. *Leclercq*, à Paris, rue d'Anjou , n°. 60 :
deux Tilburys.

715 M. *Robert*, à Falk (Moselle) : deux Poëles à
frire ; Instrumens aratoires.

716 M. *Bouvier-Dumolard*, à Valmunster (Moselle) :
Cristaux de couperose.

717 M. *Fritz*, à Sarguemines (Moselle) : six Creusets.

718 MM. *Aubert* et *Somborn*, à Boulay (Moselle) :
un Assortiment de 47 articles de Quincaillerie.

719 M. *Jambon*, à Paris , rue des Rosiers, n°. 6, au
Marais : Machine planétaire à rouages en cuivre,
représentant le mouvement de la Terre, de la
Lune, de Mercure et de Vénus.

720 M. *Robert-Laurenson*, au Puy (Haute-Loire) :
Dentelles blanches.

721 M. *Robert-Faure*, au Puy (Haute-Loire) : Dentelles de fil blanc.

722 M. *Régis Robert*, au Puy (Haute-Loire) : Dentelles noires.

723 M. *Besses*, au Puy (Haute-Loire) : Cuirs et
Peaux.

724 MM. *Waddington* frères, à la fonderie de Saint-
Remi – sur – Avre , arrondissement de Dreux
(Eure-et-Loir) : Fonte douce.

725 La *Fabrique de Laons*, arrondissement de Dreux
(Eure-et-Loir) : Couvertures de laine.

726 M. *Josse (Charles)*, à Foulonval , près de Dreux
(Eure-et-Loir) : Coton Fernambouc filé.

727 M. *Lejeune*, à Beaumont-le-Chartif (Eure-et-
Loir) : Faïences.

Numéros.

728 M. *Audibran*, à Paris, rue de Valois, n°. 2 : un Cadre contenant seize Pièces de Dents artificielles.

729 Sœur *Françoise Bouché*, à Valognes (Manche) : un Voile provenant de la manufacture de dentelles de la ville de Valognes, dont ladite sœur *Bouché* est directrice.

730 M. *Neel*, à St.-Lô (Manche), mentionné honorablement à l'exposition de 1819 : deux Rasoirs.

731 M. *Frestel*, a St.-Lô (Manche), mentionné honorablement à l'exposition de 1819 : Rasoirs de diverses formes.

732 Mademoiselle *Duchemin*, à St.-Lô (Manche) : Ruban de fil.

733 M. *Hockeshoven*, à Paris, rue J.-J. Rousseau, n°. 20 : un Meuble en bois indigène, composé d'un Bois de lit, d'une Table de nuit, d'un Secrétaire à dessus de marbre blanc, et d'une Commode à cinq tiroirs.

734 M. *Gampé*, à Paris, rue St.-Honoré, n°. 174 : douze Pièces de divers objets de Ganterie.

735 MM. *Sénéclause* père et fils, à Bourg-Argental (Loire) : Echeveaux de soie blanche.

736 MM. *Jackson* père et fils, à Outrefurens (Loire) : Acier fondu, acier cémenté.

737 MM. *Jean-Baptiste Pespet* et *Compagnie*, à Valbenoite (Loire) : Fils d'Acier fondu.

738 M. *Hedde* (*Philippe*), breveté d'invention, à St.-Etienne (Loire) : Rubans brochés soie et argent, fabriqués par les procédés dont il est inventeur.

739 MM. *Beaunier de Bron* et *Compagnie*, à La Bé-
rardière (Loire) : Acier fondu et autres de
toutes qualités.

740 MM. *Sagnard, Meneu* et *Compagnie*, à St.-Etienne
(Loire) : Objets de Quincaillerie en fonte de
fer malléable.

741 M. *Lamotte* (*Jean-Baptiste*), à St.-Etienne
(Loire) : une Paire de Pistolets; douze Rasoirs
pour le Levant.

742 M. *Cessier* (*Jean-Baptiste*), à Saint-Etienne
(Loire), mentionné honorablement à l'exposition de 1819 : un Fusil de munition à magasin volant.

743 M. *Pichery*, à Nantes (Loire-Inférieure) : Sabots
de différentes espèces.

744 M. *Bertrand Fourmand*, breveté d'invention, à
Nantes (Loire-Inférieure) : Câbles en fer à
l'usage de la marine.

745 M. *Guillemet* aîné, à Nantes (Loire-Inférieure),
mentionné honorablement à l'exposition de
1819 : Echantillons de Coton, de Flanelle, et
de Coutil sur laine.

746 M. *Abel-Loup Dumas*, à Vabre (Tarn) : Coto-
nille.

747 M. *Olombel* jeune (*Benjamin*), à Mazamet
(Tarn) : Cuir-laine noir, Espagnolette.

748 M. *Guibal Anne Veaute*, à Castres (Tarn), qui
obtint une médaille d'argent à l'exposition
de 1819 : Draps cuir-laine, Flanelle de santé
renforcée, Espagnolette croisée, Drap-mous-
seline, Drap du Thibet, Castorine, Coatting.

749 M. *Brasier*, à Dinan (Côtes-du-Nord) : un Canif
à quatre lames.

Numéros.

750 M. *Bouban*, à Quintin (Côtes-du-Nord), qui obtint une médaille de bronze à l'exposition de 1819 : Toiles écrues.

751 M. *Le Bellec*, à Lannion (Côtes-du-Nord) : Chanvre en chenevotte, Chanvre roui et teillé.

752 M. *Martin*, à Lannion (Côtes-du-Nord) : Fils de chanvre et de lin.

753 M. *Mahé* fils, à Loudeac (Côtes-du-Nord) : une Pièce de Toile.

754 Madame veuve *Lansard*, à Loudeac (Côtes-du-Nord) : un Echeveau de Fil.

755 Mademoiselle *Jacon de Cojeau*, à Loudeac (Côtes-du-Nord) : un Echeveau de Fil.

756 Madame *Rochard* (*Marie*), à Loudeac (Côtes-du-Nord) : un Echeveau de Fil.

757 M. *Mahé* fils, à Loudeac (Côtes-du-Nord) : un Echeveau de Fil.

758 M. *Leglâte*, à St.-Brieuc (Côtes-du-Nord) : Cuir façon jusée, et autres.

759 M. *Monjaret-Kerjégu*, à Moncontour (Côtes-du-Nord) : une Pièce d'étoffe, dite Berlinge.

760 *Le Même* : deux Coupons de toiles à moulin.

761 *Le Même* : Toile écrue.

762 M. *Detrey* père, à Besançon (Doubs), qui obtint une médaille d'argent à l'exposition de l'an IX, et M. *Oudouart-Detrey*, son gendre, à Paris, rue du Petit-Bourbon : Bonneterie de coton, *idem* de fil.

763 *Le Même* : Bonneterie de soie.

764 MM. *Peugeot* frères aînés, et *Salin* (*J. M.*), à Hérimoncourt, près Montbéliard (Doubs),

qui obtinrent une médaille de bronze à l'exposition de 1819 : Lames de scies et autres Articles laminés.

765 M. *Bobée*, à Choisy-le-Roi (Seine-et-Oise), mentionné honorablement à l'exposition de 1819 : divers Produits chimiques, et Viandes conservées sans saumure.

766 M. *Lefrançois*, à Paris, rue Saint-Maur, n°. 66, Faubourg du Temple : Couleurs diverses.

767 M. *Lainné (Armand)*, à Paris, rue Coq-Héron, n°. 9 : Divers Echantillons de Tissus, dits de nouveautés.

768 M. *Givelet*, à Paris, rue Saint-Honoré, n°. 159 : divers Echantillons de Fourrures.

769 M. *Leyris*, à Paris, Cul-de-sac du Paon, n°. 7, Faubourg St.-Germain : divers Objets de serrurerie.

770 M. *Fournel*, à Paris, rue Neuve-St.-Eustache, n°. 7 : trois Schalls de cachemire.

771 M. *Vully (Jean-Jacques)*, à Paris, rue de Richelieu, n°. 60 : une Machine uranographiques, ou planétaire à rouages.

772 M. *Daguin*, au fourneau de Brousseval (Haute-Marne), qui fut mentionné honorablement à l'exposition de 1819 : un Vase forme Médicis ; une paire de Lions montés sur leurs socles ; deux Balcons avec ornemens.

773 MM. *Coulaux* aîné *et Compagnie*, à Molsheim, (Bas-Rhin), qui obtinrent une médaille d'or à l'exposition de 1819 : Outils divers et Objets de quincaillerie.

774 M. *Wolff*, à Strasbourg (Bas - Rhin), breveté

d'invention : deux Tours eu cheveux pour femmes.

775 MM. *Gau* frères, à Strasbourg (Bas-Rhin), mentionnés honorablement à l'exposition de 1819 : Toiles à voiles.

776 M. *Henry Stammler*, à Strasbourg (Bas-Rhin), qui obtint une médaille de bronze à l'exposition de 1819 : Objets fabriqués en fil de fer, fil de laiton et fil d'argent ; Bijouterie d'acier.

777 M. *Frédéric Rollé*, à Strasbourg (Bas-Rhin), breveté d'invention : une Balance à bascule.

778 M. *Jean Louvel*, à Montbéliard (Doubs) : Chapeaux dans la fabrication desquels on emploie eu partie le Coton.

779 M. *Revillon*, breveté d'invention, à Mâcon (Saône-et-Loire) : une grande et une petite Horloge à sonnerie.

779 *bis. Le même* : Modèle d'une Machine à piler les drogues ; Modèle d'une autre Machine à enfoncer les pilotis.

780 M. *Guillemin-Lambert*, breveté d'invention, à Autun (Saône-et-Loire) : deux Fusils à percussion.

781 M. *Coste*, à Mâcon (Saône-et-Loire) : un Écheveau de Coton teint en noir.

782 MM. *Perrenet* et *Mouget*, à Pontarlier (Doubs) : Aciers et outils divers.

783 MM. *Bonnet* frères et *Champion*, à Besançon (Doubs) : Échantillons de Bleu de Prusse et de Prussiate de potasse.

784 *Les forges de Montcey*, appartenant à M. le Maréchal duc de Conégliano (Doubs) : Échan-

tillons de fer, fabriqués avec du charbon de terre.

785 M. *Perron*, à Besançon (Doubs): Horlogerie et Montres astronomiques.

786 M. *Zelvègre*, à Besançon (Doubs): Cadrans d'or, d'argent et de crysokale doré.

787 M. *D. L. Muguet*, à Besançon (Doubs): Montres en or et en argent.

788 M. *Bassignol*, à Baume (Doubs): Chapeaux.

789 M. *Bellot*, à la Ferrière-sous-Jougne (Doubs): Faulx de différens modèles.

790 MM. *Desolme et Quériau*, à Paris, rue des Fossés-Montmartre, n°. 27 : Schalls de Cachemire.

791 M. *Soyez*, à Paris, rue Bourg-l'Abbé, n°. 22 : Divers Cosmétiques et autres objets de parfumerie.

792 M. *Letta*, à Paris, rue du Four-Saint-Germain, n°. 44 : Modèles d'Architecture.

793 Madame *Benoist*, à Paris, rue de Richelieu, passage Saint-Guillaume, brevetée d'invention : Divers modèles de Siéges inodores pour les Cabinets d'aisance.

794 MM. *Arnauld frères et Fournier*, à Paris, rue de Popincourt, n°. 40 : Cotons filés, numéros 60 et 80.

795 M. *Saulnier*, à Paris, rue des Lavandières Ste.-Opportune, n°. 31 : un Cadre contenant 51 pinceaux de diverses espèces.

796 MM. *Larminat et Hulot*, à Paris, rue Mauconseil, n°. 3, près la porte Saint-Denis: une

Robe et Voile en tulle de coton brodé, provenant de leur fabrique de Metz.

797 M. *Auguste Roeland*, à Paris, rue Culture-Ste.-Catherine, n°. 21, qui obtint une Médaille d'argent à l'exposition de 1819 : Savons de Windsor et autres.

798 M. *Bonjour*, à Paris, rue des Fossés du Temple, n°. 77 : Meubles plaqués en stuc ligneux ; deux petites boîtes en stuc ligneux.

799 *La Société des Mines de Bouxwilliers* (Bas-Rhin): Alun, Sulfate de Fer, Bleu de Prusse et autres produits.

800 *Exploitation de la Mine de l'Obsaun* (Bas-Rhin): Asphalte et Mastic Bitumineux.

801 MM. *Friedel, Embser et Georger*, à Strasbourg (Bas-Rhin): Échantillons de Maroquins.

802 MM. *Bacle et Compagnie*, à Paris, rue Sainte-Appoline, n°. 20 : Chapeaux en soie,
Chapeaux en paille de Coton,
Cinq sacs tissus or et soie.

803 M. *Dehm*, à Paris, rue de la grande Truanderie, n°. 12 : Tables en acajou plaquées et de formes diverses,
Carafe en cristal plaquée.

804 M. *Delon, Fils*, à Paris, rue Neuve-Saint-Eustache, n°. 34 : Schalls de laine et cachemire.

805 M. *Lucas*, à Paris, rue Sainte-Appoline, n°. 7 : Boîtes et Cadres avec peintures vélographiques.

806 M. *Leroy*, à Paris, Palais-Royal, n°. 114 : Objets en albâtre français agatisé.

807 M. *Salentin*, à Paris, rue Saint - Maur, n°. 128:
Un Modèle de pompe à bras.

808 M. *Huret* (*Léopold*), à Paris, rue Castiglione,
n°. 3 , qui obtint une médaille d'argent à l'exposition de 1819 : Serrures en bronze et autres;
Portefeuilles avec garnitures ciselées et dorées.

809 M.　　　　　, à Paris, rue du Faubourg du Temple , n°. 74 : Corsets , Ceintures , etc.

810 M. *Molé, Jeune*, à Paris, rue de Madame, n°. 4,
qui obtint une médaille à l'exposition de 1819 :
27 Cadres contenant des caractères d'imprimerie, au nombre de 260 espèces ; plus des caractères arabes pouvant servir à imprimer en
six langues orientales.

811 M. *Bacot et Compagnie*, à Paris, rue Saint-Vic-
tor, n°. 67 : Couverture de soie.

812 *Les Mêmes* : Couverture de coton croisé.

813 *Les Mêmes* : Couverture de laine mérinos.

814 M. *Quivy* (Nord) : deux Cheminées en marbre.

815 M. *Maubon père*, à Nancy (Meurthe) : Marbre
de Nancy.

816 M. *Duval-Duval*, à Paris, rue de l'Oursine,
n°. 53 : Peaux tannées et maroquinées en différentes couleurs.

817 M. *Duport*, breveté d'invention à Paris, rue St.-
Honoré, n°. 140 : Socles articulés pour hommes
et pour femmes.

818 MM. *Dauty et Malo*, à Paris, rue du Grès,
n°. 10 : une Carte d'Espagne.

819 M. *Lefebvre*, à Paris, rue Castiglione, n°. 7 :

Numéros.

Guêtres en gros de Naples et différentes étoffes.

820 M. *Malaisie*, à Paris, rue aux Ours, n°. 16 : Chapeaux de paille et laiton de différentes couleurs.

821 M. *Chenavard*, à Paris, Boulevard St.-Antoine, n°. 65 : Tapis de différents dessins.

822 M. *Deschiros*, à Paris, rue du Caire, n°. 9 : une Perruque à ressort métallique ; un ressort métallique sans élastique.

823 M. *Mely* (*Pierre*), à Mende (Lozère), qui obtint une médaille de bronze à l'exposition de 1819 : Cadisserie ; Echantillons d'Escot.

824 M. *Velai*, à Mende (Lozère) : Cadisserie ; Echantillon d'Escot.

825 M. *Carlat*, à Mende (Lozère) : Cadisserie ; Echantillon d'Escot.

826 M. *Sales*, à Mende (Lozère) : Cadisserie, Echantillon d'Escot.

827 M. *Chevalier* (*Louis*) au Tuffe lès-Mende (Lozère) : Cadisserie ; Echantillon d'Escot, façon de casimir.

828 M. *Gibelin*, à Javols (Lozère) : Cadisserie, Echantillon d'Escot.

829 M. *Panc*, à Balsièges (Lozère) : Cadisserie, Coupon de serge grise.

830 M.   , à la Canourgue (Lozère) : Echantillon de Tricot, dit royal ; Echantillon de Tricot refoulé.

831 M. *Dupuis*, à Paris, rue de Grammont, n°. 23 : Tableau en cheveux.

832 M. *Paul Reverchon*, à Lyon (Rhône) : Schalls en soie.

833 Madame veuve *Bouvard et compagnie*, à Lyon (Rhône), mentionnés honorablement à l'exposition de 1819 : Etoffes de différentes espèces, or et argent, soie et poils de chèvre, brochées, moirées, etc.

834 M. *Léonard Gardon*, à Lyon (Rhône), qui obtint une médaille d'argent à l'exposition de 1819 : Cuivre en bâton, dit d'Allemagne.

835 MM. *Corderier et Lemire*, à Lyon (Rhône) : Etoffes de soie, or et argent, pour tentures et ornemens d'église.

836 MM. *Reyre* frères, à Lyon (Rhône) : Etoffes de soie façonnées de différentes espèces; Velours, Gazes et Mouchoirs-gazes.

837 M. *Poïdebard*, à Lyon (Rhône), qui obtint une médaille d'argent à l'exposition de 1819 : Soie blanche, Satin blanc, Poils de chèvres du Thibet.

838 M. *Bonnard*, breveté d'invention, à Lyon (Rhône), qui obtint une médaille d'or à l'exposition de 1819 : Echantillons de soies blanche et jaune.

839 M. *Souchon*, aux Brotteaux, près Lyon (Rhône) : Produits chimiques.

840 *Le Même* : Drap-laine, teint en bleu de Prusse.

841 MM. *Morfonillet et compagnie*, à Lyon (Rhône) : Schalls brochés de différentes espèces.

842 MM. *Villeneuve et Mathieu*, à Lyon (Rhône) : Etoffes pour tentures et ornemens d'église, Damas cramoisi.

843 MM. *Grand* frères, à Lyon (Rhône), qui obtin-

rent une médaille d'or à l'exposition de 1819 : Echantillons d'Etoffes d'ornement.

844 M. *Poupart*, baron de Neuflize, à Sedan (Ardennes), qui obtint une médaille d'or à l'exposition de 1819 : Laines filées, et Echantillons de Tissus-mérinos.

845 MM. *les Sociétaires des Établissemens d'Ourschamps* (Oise), brevetés d'invention : Cotons filés de différentes espèces.

846 M. *B. Schmuck*, à Paris, rue Censier, n°. 21, qui obtint une Médaille d'argent à l'exposition de 1819 : Peaux maroquinées.

847 *La Manufacture de porcelaine de Foëcy* (Cher): Porcelaines.

848 M. *G. Engelmann*, à Paris, rue Louis-le-Grand, n°. 27, mentionné honorablement à l'exposition de 1819 : Cadres, Portraits, Dessins, impressions lithographiques.

849 Mme. *Delacourt*, à Paris, rue de la Monnaie, n°. 1 : Eau denti-dolori-fuge ; Eau de Cologne, etc.

850 MM. *A. Cellarier et Compagnie*, à Paris, rue des Ursulines, n°. 5, Faubourg-St.-Jacques : Tissus et Fils de coton de différentes espèces.

851 M. *Milcent Schoukenbick*, à Paris, rue Montmorenci, n°. 7 : Chapeaux en lin, soie et coton.

852 M. *Pierre Bénigne Fournival*, à Rethel (Ardennes) : Échantillons de Tissus mérinos.

853 M. *Sagstéte*, à Limoges (Vienne) : un Poële en serpentine.

854 M. *A. Jean Béchard*, à Paris, quai d'Orsay, n°. 3: Échantillons de teinture sur laine, etc.

855 M. *Dautreville*, à Châlons (Marne) : Bonneterie de coton.

856 M. *Assy-Guérin fils* et *Giselet*), à Rheims (Marne): Flanelle croisée ; Circassienne laine et coton.

857 M. *Delonchant*, à Paris, rue Castiglione, n°. 6 : Chapeaux élastiques.

858 M. *Humbert*, à Paris, rue du Faubourg-St.-Denis, n°. 65 : Cristaux gravés et Cristaux dépolis.

859 M. *Galais*, à Fougères (Ille-et-Vilaine) : Toiles à chemises et à draps.

860 M. *Simon*, à Rennes (Ille-et-Vilaine): Serviettes communes ouvrées, demi-blanc.

861 M. *Vasse*, à Paris, hôtel de Rouen, rue d'Ange-villiers : Bélier marin.

862 *Le Même* : une Jauge diagonale.

863 M. *Falatieu* jeune, à la forge du Pont-du-Bois (Haute-Saône): divers Echantillons d'acier.

864 Madame veuve de *Buyer*, à la forge de la Chau-deau, commune d'Aillevillers (Haute-Saône): Echantillons de Ferblanc.

865 M. *Blum*, (*D. S.*), à Magny-Vernois et à Saint-Georges (Haute-Saône) : divers Objets en Fonte de fer.

866 M. *Charles* (*C. H.*), breveté d'invention, à Paris, rue du Petit-Lion-St.-Sauveur, n°. 20, et au Palais-Royal, galerie de Bois, n°. 230 : Cou-tellerie.

867 M. *Angrand*, à Paris, rue Meslay, n°. 61 : Echan-tillons de Papiers de fantaisie.

868 M. *Fieffé*, à Paris, quai Lepelletier, n°. 6 :

Montre à répétition à tirage et à remontoir accéléré.

869 M. *Thibault*, à Paris, rue de la Verrerie, no. 46, mentionné honorablement à l'exposition de 1819 : Cire à cacheter.

870 M. *Legrand*, à Paris, rue du Bac, no. 12 : Coutellerie.

871 M. *Barbeau*, à Paris, quai de la Mégisserie, no. 18 : Cheminée en fonte dorée avec colonnes.

872 M. *P. Channebot*, à Paris, rue Neuve-St.-Eustache, no. 8, qui obtint une médaille de bronze à l'exposition de 1819 : Schalls en cachemire.

873 M.   à Paris,
Lampes, Vases, Corbeilles, Moules, etc.

874 M. *Odolant-Desnos*, à Alençon (Orne) : Chapeaux de paille, façon d'Italie.

875 Madame *Degrand*, née *Gurgey*, à Marseille (Bouches - du - Rhône), mentionnée honorablement à l'exposition de 1819 : Armes blanches en Damas.

876. M. *Devoulx* (*L. P.*), breveté d'invention, à Marseille (Bouches-du-Rhône) : Echantillons de Colle-forte.

877 MM. *Payen et Compagnie*, à Marseille (Bouches-du-Rhône) : Savon blanc fabriqué avec l'Huile d'olives et Soudes nationales et étrangères.

878 M. *Salomon* (*Benjamin*), breveté d'invention, à Marseille (Bouches-du-Rhône) : Pains de céruse.

879 M. *Ferry-Duclaux*, à Marseille (Bouches-du-Rhône) : une Corbeille en liége.

880 M. *Seignoret* (*Antoine*), à Marseille (Bouches-
du-Rhône) : Echantillons de Colle-forte.

881 M. *Jacob*, à Marseille (Bouches-du-Rhône),
qui obtint une médaille de bronze à l'exposition de 1819 : Echantillons de Borax.

882 M. *Augienne*, à Marseille (Bouches-du-Rhône):
Echantillons de Coraux.

883 M. *Daniel*, à Marseille (Bouches-du-Rhône) :
Echantillon de Carbonate de soude.

884 M. *Ehrenberg*, à Paris, rue de Charonne, no. 24 :
Outils de menuiserie , Presses , etc.

885 M. *Battulu* , à Paris, rue Saint-Denis, no. 210 :
Franges , Ceintures et Brasselets de soie.

886 Madame veuve *Chapuis* et fils , à Annonay (Ardèche) : Cire blanche et Bougies.

887 MM. *Degrand* et *Prades*, à Bédarieux (Hérault) :
Draps.

888 M. *Schwilgué* , breveté d'invention , à Schéles-
tadt (Bas-Rhin) : Modèle d'un Pont à bascule.

889 M. *Labiois*, à Paris , Boulevard Saint-Antoine ,
no. 21 : Cheminées et Fontaine en marbre.

890 M. *Pupil*, à Paris, rue de l'Oursine , no. 64 :
Limes de différentes formes et grandeurs.

891 M. *Desmadrys*, à Paris, rue du Four-St.-Ger-
main, no. 55 : différens Dessins.

892 MM. *Chuard* et *Compagnie*, à Lyon (Rhône),
qui obtinrent une médaille d'or à l'exposition
de 1819 : Etoffes de soie, or et argent.

893 MM. *Polino* frères, à Paris, rue Ste.-Appoline,

no. 9 : Fil de duvet de cachemire, Tissus et Schall cachemire.

894 MM. *Dehaye-Fournival* et *Buirette*, à Reims (Marne) : Flanelles.

895 M. *Montelon-Boulée*, à Châlons (Marne) : Sangles.

896 M. *Florion*, propriétaire de la verrerie de Riesme, près Sainte-Menehould (Marne) : trois Feuilles de verre blanc.

897 MM. *Guénet* et *Lantein*, brevetés d'invention, à Reims (Marne) : un Compteur ou Régulateur, Machine que l'on peut adapter à tous les métiers à filer.

898 M. *Pesquet*, à Paris, rue Sainte-Avoye, no. 40 : Rouge à l'usage des horlogers, bijoutiers et polisseurs d'acier.

899 M. *Adhémar*, à Paris, rue St.-Germain-l'Auxerrois, no. 86 : Machine uranographique de son invention, exécutée par M. Lory, et destinée à servir aux démonstrations d'un cours d'astronomie physique que se propose de donner l'inventeur.

900 M. *Luton*, à Paris, rue du Marché-Neuf, no. 22, qui obtint une médaille de bronze à l'exposition de 1819 : Cristaux dorés, Etiquettes vitrifiées, Cadres pour inscriptions.

901 MM. *Rose Abraham* frères, à Tours (Indre-et-Loire), qui obtinrent une médaille d'argent à l'exposition de 1819 : Draperie moyenne et commune.

902 *Les Mêmes* : Tapis de pied.

903 Madame *Valin* et M. *Piédor*, à Château-Renauld (Indre-et-Loire) : Peaux tannées.

904 M. *Cremière-Jeuffrain*, à Tours (Indre-et-Loire) : Etoffe de soie.

905 *Le Même* : Franges.

906 M. *Guillois* (*Léonard*), à Tours (Indre-et-Loire), qui obtint une citation à l'exposition de 1819 : Bonneterie de soie, Filoselle et Coton.

907 M. *Leblanc-Paroissien*, breveté d'invention, à la Chembrolle près Tours (Indre-et-Loire) : Feuilles de bois d'Acajou, Noyer et Ormeau pour placage.

908 M. *Souchard*, à Paris, rue de la Paix, n°. 9 : Perruque à la Ninon.

909 M. *Bonnemaison*, à Paris, rue Neuve-St.-Augustin, n°. 59 : vingt-une Epreuves de la Galerie de S. A. R. Madame la Duchesse de Berry. (Peintres modernes).

910 M. *Tourtebatte*, à Paris, rue de la Chaussée-d'Antin, n°. 10 : Cuirs à rasoir.

911 M. *Reignier*, à Paris, rue de Grenelle-Saint-Honoré, n°. 18 : deux Perruques.

912 M. *Levrat* (*François*), à Paris, rue Popincourt, n°. 66, qui, sous la raison *Levrat et Compagnie*, obtint une médaille d'argent à l'exposition de 1819 : Vaisselle et Flambeaux en plaqué.

913 M. *Milan* aîné, breveté d'invention, à Paris, rue de la Paix, n°. 13 : un Fourneau de cuisine et de ménage, chauffant une grande quantité d'eau, au moyen du calorique qui se perd dans la maçonnerie de ces sortes d'appareils ; une Rôtissoire arrosante.

914 M. *Perrin*, à Paris, rue St.-Denis, n°. 355 : deux lés de Tulle brodé avec perles ; un échantillon de manteau de cour brodé en or mi-fin.

915 M. *Naquet*, breveté d'invention, à Paris, Palais-Royal, n°. 132 : Cosmétiques de différentes espèces.

916 M. *Guibert*, à Paris, rue du Faubourg-Saint-Jacques, n°. 55 : Toiles, Cordes, Rubans, Fils et Filets.

917 M. *Binet (Pierre-Jacques)*, à Paris, rue du Faubourg Poissonnière, n°. 124 : Pompes à tubes mobiles.

918 M. *Dubray*, à Paris, rue de Breteuil, n°. 6, Cour Saint-Martin : Voitures et Jouets mécaniques.

919 M. *Schellemberg*, à Tarare (Rhône) : Gaze fine, *idem* commune.

920 M. *Raynard – Pramoudon*, à Nantua (Ain) : Mousseline.

921 M. *Fontès*, rue de La Harpe, n°. 44, à Paris : Chapeaux en Soie, Feutre, Soie et Feutre imperméables.

922 M. *Chevalier (Vincent)* aîné, à Paris, quai de l'Horloge, n°. 69, breveté d'invention, mentionné honorablement à l'exposition de 1819 : Instrumens d'Optique - Aéromètres de toute espèce, Caféomètres et Glactomètres.

923 MM. *Bernadac* père et fils, à Saborre et à Ria (Pyrénées-Orientales) : Echantillons d'Acier.

924 MM. *Disery* père et fils aîné, à Paris, rue Popincourt, n°. 58 : Porcelaine.

925 M. *Koska*, à Paris, rue de Richelieu, n°. 8 :

Numéros.

    un Piano carré à griffes de lion et à 60 claves.

926 M. *Mentzer*, à Paris, rue St.-Victor, n°. 44 : six Mortiers ; deux Colonnes pour balances.

927 M. *Vallon*, à Paris, rue St.-Denis, n. 398 : Perruques.

928 M. *Roux*, à Paris, rue Neuve-des-Petits-Champs, au coin de celle de Richelieu : Gilets de Cachemire et de Mérinos ; Bas de Fil, Coton et Soie.

929 M. *Letort*, à Paris, rue de Castiglione, n°. 5 : Cachets et Timbres ; Presses.

930 MM. *Rogier* et *Sallandrouze*, à Paris, rue des Vieilles-Audriettes, n°. 3, au Marais, qui obtinrent une Médaille d'argent à l'Exposition de l'an X : Tapis veloutés et autres ; Canapés et Fauteuils.

931 Mesdemoiselles *Didier*, à Paris, rue Saint-Denis, n°. 338 : Fleurs.

932 Mademoiselle *Lalouette*, à Paris, rue St.-Honoré, n°. 337 : Tapis et Meubles.

933 MM. *Seguin*, frères, à Annonay (Ardèche) : Viandes desséchées.

934 *Les mêmes* : Fécule de Pommes de terre.

935 *Les mêmes* : Draps propres à la fabrication du Papier.

936 *Les mêmes* : Modèle d'un Pont en Fil de Fer, qui doit être construit sur le Rhône entre Tain et Tournon.

937 M. *Raymond* fils, à St.-Vallier (Drôme) : Rose végétal en Paillette et Rose végétal en Liqueur, pour la Teinture sur Soie et Coton ; Cochenille

préparée pour la Teinture des Soies en Blanc, Rose, et Gris fin.

938 M. *Castille*, à Paris, rue Neuve-St.-Sauveur, n°. 1 : une Pendule à demi-seconde, à échappement libre et à équation ; une Pièce en Médaillon à Quantième perpétuel.

939 M. *Maelzel*, à Paris, nouvelle galerie du passage des Panoramas, n°. 9 : Jouets d'enfans.

940 M. *Bizet*, à Paris, rue St.-Lazare, n°. 89 : une Baignoire avec son Fourneau, Ustensiles et accessoires.

941 M. *Trotry-Latouche*, à Paris, rue Sainte-Croix-de-la-Bretonnerie, n°. 44 : Bonneterie de laine, façon de Tunis.

942 M. *Beaugeois*, à Paris, rue de la Paix, n°. 2 : un Bouquet en or.

943 M. *Vogel*, à Paris, rue Dauphine, n°. 24 : Reliure.

944 M. *Lonsteau*, breveté d'invention, à Paris, rue Geoffroy-Langevin, n°. 4, mentionné honorablement à l'exposition de 1819 : Chapeaux et Schakos en tissus de diverses nuances.

945 M. *Fonsès*, membre du conseil-général des manufactures, à Carcassonne (Aude) : Draps pour le commerce du Levant et autres.

946 MM. *Boinet* et *Marchal*, à Paris, rue du Roule, n°. 1 : Bonneterie.

947 M. et Madame *Véron*, à Paris, rue du Fer-à-Moulin, n°. 3 : Tapis au petit point.

948 M. *Lassaut*, à Paris, rue St.-André-des-Arts, n°. 14 : un Tapis en peau de renard de France.

949 M. *Crapelet*, à Paris, rue de Vaugirard, n°. 9 : Typographie.

950 MM. *Blanc* et *Compagnie*, à Villedieu, (Indre) : Vases et autres Objets en porcelaine.

951 M. *Hazard-Mirault*, à Paris, rue Ste.-Appoline, n°. 2, mentionné honorablement à l'exposition de 1819 : une Collection d'Yeux artificiels.

952 M. *Lepage*, à Paris, rue de Richelieu, n°. 13, mentionné honorablement à l'exposition de 1819 : trois Fusils doubles, un Nécessaire de fusil.

953 M. *Perin-Lepage*, à Paris, boulevard des Capucines : un Nécessaire de pistolets à double détente.

954 M. *Flachat* jeune, à Paris, rue Hauteville, n°. 9 : un Fauteuil.

955 M. *Pichard*, à Paris, rue Richer, n°. 15 : une Voiture-Calèche à Parasol.

956 M. *Laloge*, à Paris, rue Aumaire, n°. 37 : Cuirs vernis.

957 M. *Michaud-Labonté*, à Paris, rue Feydeau, n°. 4, qui obtint une médaille de bronze à l'exposition de 1819 : un Paratonnerre de marine en fer platiné.

958 *Le Même* : Toile de platine pour filtre.

959 M. *Gourlier*, à Paris et à Vaugirard (Seine) : deux Plateaux portant deux portions de tuyaux de cheminées en briques.

960 M. *Savarèse*, à Paris, quai de l'Hôpital, n°. 5 : Echantillons de Cordes pour instrumens de musique.

961 M. *Courteaut*, breveté d'invention, à Paris, rue du Faubourg St.-Martin, no. 205 : un Modèle de remorqueur à manége ;
Un Modèle de Remorqueur à manége, mu par une machine à vapeur.

962 M. *Milliet*, à Paris, rue St.-Denis, no. 303 : une Seringue avec sa Pompe.

963 M. *Pinard (Jean)*, à Paris, rue d'Anjou-Dauphine, no. 8, breveté d'invention, qui obtint une médaille de bronze en 1806 : Gravure et Fonte de caractères.

964 M. *Coletta-Lefebvre*, à Paris, rue Mandar, no. 18 : Tabatières écossaises et autres.

965 M. *Morize*, breveté d'invention, à Paris, rue Boucher, no. 10 : Lampes asciennes, Cafetières-Morize, etc.

966 M. *Mathieu*, à Paris, rue de la Montague-Ste.-Geneviève, no. 23 : une Mécanique à fabriquer le Ruban de carde et son dévidoir.

967 M. *Liebermann*, à Paris, avenue de Parmentier : quatorze Cylindres pour filer coton et laine.

968 M. *Delaroche*, à Paris, rue du Bac, no. 101 : un Calorifère à colonnes torses.

969 MM. *Wallet* et *Hubes*, à Paris, rue Portefoin, no. 3 : Ornemens en sculpture et figures sculptées.

970 M. *Rouyer* aîné, à Paris, rue Poissonnière, no. 44 : Machine électrique ; Appareils à Gaz hydrogène ; Appareils à vapeur pour fondre et souder ; Balance à arbalète.

971 *Le Même* : Modèle d'une Fabrique d'orfévrerie.

972 M. *Legrain* (*L.*), à Paris, cour Batave, n°. 8 : Cotons à coudre et à broder.

973 M. *Bastien* aîné , à Paris, passage Ste.-Croix-de-la-Bretonnerie, n°. 8 : Soufflet de forge ; Mortier en fer poli , et objets à l'usage des pharmaciens ; Ustensiles propres à la chasse.

974 M. *Tréfous* , à Paris, rue aux Ours, n°. 6 : Cartes imprimées sur soie.

975 M. *Pillioud*, à Paris, rue des Juifs, n°. 11 , au Marais, qui obtint une médaille de Bronze à l'exposition de 1819 : Vaiselle plaquée et autres objets en plaqué.

976 M. *Bunten* , à Paris, quai Pelletier, n°. 26 : Baromètres, Thermomètres, Pèse-liqueurs.

977 M. *Fargeon* jeune, à Paris, rue de Richelieu , n°. 87 : Huiles parfumées, Savons, Eau dentifrice.

978 M. *Poupart-Neuflise* , à Sedan (Ardennes), qui obtint une médaille d'argent à l'exposition de 1819 : Draps et Casimirs.

979 M. *Champion*, à Paris, rue du Coq-St.-Jean, n°. 3 , mentionné honorablement à l'exposition de 1819 : Mesures linéaires sur rubans.

980 M. *Charrier* , à Paris , rue St.-Antoine , n°. 149 : Perruques et coiffures artificielles.

981 M. *Demarson*, breveté d'invention, à Paris, rue de la Verrerie, n°. 95 : Savons de toilette et autres.

982 M. *Dubarroun*, à Paris, Port aux Thuiles, n°. 3 : Machine astronomique, Planétaire, Globe, etc.

983 M. *Bourguignon*, à Paris, rue de la Paix, n°. 1 :

Bijoux en pierres adamantoïdes (ou imitant le diamant.)

984 M. *Stammler (George)*, à Strasbourg (Bas-Rhin): un Tissu croisé d'acier, d'or, d'argent, d'acier bronzé et bruni.

985 M. *Delaforge*, à Paris, rue Pontoise, no. 10, à la Halle aux Veaux : un Soufflet de forge.

986 M. *Lebrun*, à Paris, rue de Richelieu, no. 55 : Pendule, Vases et autres objets en nacre de perle.

987 M. *Cointereau*, à Chaillot,   (Seine) : Machines et instrumens d'agriculture.

988 M. *Fromant (L.-P.)*, à Paris, rue de l'Arbre-Sec, no. 49 : Peinture sur porcelaine.

989 Mme. *veuve Susse*, à Paris, rue Ste.-Anne, no. 59 : Épreuves de gravures de différentes espèces.

990 M. *Grus*, à Paris, rue St.-Louis, no. 60 : un Piano vertical à jour.

991 MM. *Prosper et Compagnie*, à Paris, rue Boucherat, no. 26 : Matières hydrofuges de diverses formes et pour différens usages.

992 M. *Heudebert*, à Paris, rue Ste.-Avoie, no. 47 : Tapis et Carreaux.

993 M. *Saulnier (J.-F.)*, à Paris, Hôtel des Monnaies, qui obtint une médaille de bronze à l'exposition de l'an X : Machines à vapeur.

994 M. *Félix*, à Paris, rue des Marmousets, no. 25 : une Pendule-Soleil avec armature en fer.

995 M. *Morial fils*, à Paris, rue Traversière-St.-Honoré, no. 29 : Faïence émaillée d'or; Porcelaine agatisée.

996 M. *Rey*, à Paris, rue Ste.-Appoline, n°. 13 : Schalls-cachemires français.

997 M. *Sampier d'Aréna*, jeune, à Paris, rue des Fossés-St. Germain-l'Auxerrois, n°. 14 : Modèles de Lettres-de-Change, Mandats, etc.

998 M. *Simier*, père et fils, rue St.-Honoré, n°. 152, mentionné honorablement à l'exposition de 1819 : Reliures.

999 M. *Lorimier* (le Chevalier *de*), à Paris, rue de Rivoli, n°. 46 : Chapiteau de Lampes.

1000 *Le même* : Gravures de dessins d'instrumens d'agriculture ; Serpette propre à l'incision annulaire de la vigne.

1001 M. *Falhon*, à Paris, quai des Grands-Augustins, n°. 15, près le Pont-Saint-Michel : Bordures d'appartemens, Cadres dorés et argentés, etc.

1002 M. *Limage-Pinçon*, à Paris, rue du Faubourg du Temple, n°. 28, mentionné honorablement à l'exposition de 1819 : Schalls, Cachemires français, Echantillons de Cachemires.

1003 M. *Deffontis*, breveté d'invention, rue J.-J. Rousseau, n°. 4 : Coutellerie.

1004 MM. *Legai et Compagnie*, à Limoges (Haute-Vienne) : Porcelaine.

1005 M. *Alluaud*, à Limoges (Haute-Vienne), qui obtint une médaille d'argent à l'exposition de 1819 : Porcelaine.

1006 M. *La Montagne*, à Limoges (Haute-Vienne) : Creusets.

1007 MM. *Ardant et Desroches*, à Limoges (Haute-Vienne) : Cire.

Numéros.

1008 M. *Dumas* , à Limoges (Haute-Vienne) : Colle-
forte.

1009 MM. *Romanet* et *Alafort* , à Limoges (Haute-
Vienne) : Draperie.

1010 M. *Bouillon* , à Solignac (Haute-Vienne) : Couvertures de laine.

1011 M. *Constantin* , à Limoges (Haute-Vienne) : Fils
de chanvre.

1012 M. *Parand* (*Alexandre*) , à Limoges (Haute-
Vienne) : deux Bassins en cuivre , Blocs en
cuivre.

1013 M. *Juddelajudie* , à Champagnac (Haute-Vienne) , mentionné honorablement à l'exposition
de 1819 ; Aciers.

1014 MM. *Boyer et Compagnie* , à Limoges (Haute-
Vienne) : Droguets et Flanelles.

1015 MM. *Ferrand* et *Baudot* , à Troyes (Aube) :
Draps.

1016 M. *Vallet-d'Artois* , à Paris, rue Saint-Denis ,
n°. 163 : Peaux d'Agneaux et de Chevreaux
préparées pour la Ganterie ; Gants dits Castor.

1017 MM. *Galon* frères , rue Coq-Héron , n°. 8 :
Schalls , Cachemires français.

1018 M. *Roussin* , à Paris, rue de la Place-Maubert,
n°. 1 : Coutellerie.

1019 MM. *Grau et Compagnie* , à Troyes (Aube) : Coutils français et russes.

1020 M. *Dupont-Boillelot* , à Troyes (Aube), qui obtint une médaille d'argent à l'exposition de
1819 : Perkales, Velventines, Finette, Futaine
et Coutils.

Numéros.

1021 MM. *Soucin et Lavocat*, à Troyes (Aube), mentionnés honorablement à l'exposition de 1819: un Cuir fort.

1022 *Les Maisons centrales de détention de Melu* (Seine-et-Marne) et de *Clairvaux* (Aube), dont la première fut mentionnée honorablement à l'exposition de 1819: Coutil, Perkale et Coton filé.

1023 M. *Cochois-Janson*, à Troyes (Aube): Bonneterie.

1024 MM. *Meurville père et fils*, à Troyes (Aube): Draperies diverses.

1025 M. *Ray*, à Long-champ (Aube): Fers de rabots.

1026 M. *Oger-Oviat*, à Arcis-sur-Aube (Aube): Bonneterie.

1027 M. *Bercy-Serault*, à Arcis-sur-Aube (Aube): Bonneterie.

1028 M. *Balbâtre fils aîné*, à Nancy (Meurthe), mentionné honorablement à l'exposition de 1819: Broderies sur perkale et mousseline.

1029 M. *Lenoir*, à Paris, passage Beaufort, rue Quincampoix, n°. 63: Berline en or, attelée de 4 chevaux (modèle).

1030 M. *Leroy*, à Paris, rue de la Chaussée-d'Antin, n°. 52: Cahiers d'écriture.

1031 M. *Vernier (Jean-Baptiste)*, à Paris, rue du Faubourg St.-Denis, n°. 120: Filières de différentes espèces.

1032 M. *Laporte*, à Paris, rue des Filles-St.-Thomas, n°. 20: Divers objets de Coutellerie.

1033 M. *L'été (Nicolas-Antoine)*, à Paris, rue Pavée-St.-Sauveur, n°. 20: deux Violons, une Lyre,

Numéros.

une Basse et un Etui de quatuor en bois de
noyer peint.

1034 M. *Legros de la Neuville (Nicolas)*, breveté d'invention, à Paris, rue des Lavandières St.-
Opportune, n°. 4: Violons, Basse, Guitares,
Fixateur à violon.

1035 MM. *Lecointe et Rousselle (C. P.)*, à Caen (Calvados): divers objets en blondes blanche, rose,
noire et jaune.

1036 MM. *Merlzdorff,* à Paris, rue du Sentier, n°. 18 :
Une pièce de Perkale blanche sans apprêt.

1037 M. *Dècle*, à Paris, rue du Roule; n°. 15 : Volumes reliés en maroquins de diverses couleurs.

1038 M. *Gagneau*, breveté d'invention, à Paris, rue
Saint-Denis, n°. 173, qui, sous la raison *Gagneau et Brunet*, obtint, une médaille de
bronze à l'exposition de 1819 : divers modèles
de Lampes dites Aglaphos.

1039 Madame *Armand*, à Paris, rue du Petit-Lion,
n°. 19 : Mouchoirs en batiste brodée, Robe
de tulle, une Blouse de mousseline, un schall
de tulle de coton, etc.

1040 M. *Murelatour*, à Paris, rue et hôtel de Bourbon,
n°. 26 : Appareil Electro-Pneumatique, destiné à la cure des paralysies, rhumatismes et
Ulcères.

1041 M. *Lenoble*, à Paris, rue des Coquilles, n°. 2 :
divers Echantillons de plomb laminé en tables,
de tuyaux fondus et étirés, deux garde-mangers pneumatiques pour les halles et marchés.

1042 M. *Ajac*, à Lyon (Rhône), qui obtint une mé=

...daille d'argent à l'exposition de 1819 : divers tissus en bourre de soie.

1043 M. *Colin*, à Paris, rue de la Harpe, n°. 45 : un Atlas in-folio, des Tableaux itinéraires des distances de Paris aux principales villes de France et de l'Europe, un Atlas in-4°., etc.

1044 M. *Delaborne*, à Paris, rue de Cléry, n°. 88 : une Guitare qu'il appelle à double jeu et à digitales.

1045 *Le même*, deux pièces hydrauliques qu'il appelle Circulateurs, et deux machines qu'il appelle Moteurs à évaporation.

1046 M. *Frichot* (*M. A. P.*), à Paris, rue des Grayilliers, n°. 42, qui obtint une médaille d'argent à l'exposition de 1819 : Fleurs artificielles, Ouvrages en acier poli, Objets de parure, etc.

1047 M. *Vauchelet fils, et sa sœur*, à Paris, rue Charlot, n°. 19 : divers Objets en Velours imprimés et peints.

1048 MM. *Revilliod (Charles) et Compagnie*, à Lyon, (Rhône) : Rideaux et autres objets en Taffetas diaphane.

1049 M. *Levasseur*, à Paris, rue du Temple, n°. 57 : diverses Glaces rondes, concaves et convexes.

1050 MM. *Normandin*, frères, à Paris, rue Neuve-des-Petits-Champs, n°. 25 : Perruques, Toupets et autres ouvrages en cheveux.

1051 M. *Escax*, à Paris, rue des Filles-St.-Thomas, au coin de celle Notre-Dame-des-Victoires, breveté d'invention : un Ameublement complet en fer-blanc verni.

Numéros.

1052 **Mme.** *veuve Brun*, à Paris, rue St.-Denis, no. 256 : Broderies sur tulle de coton.

1053 M. *Tavernier* (*Jean-Baptiste*), à Paris, rue de Paradis-Poissonnière, no. 12, mentionné honorablement à l'exposition de 1819: divers Objets en tôle vernie.

1054 M.   , ciseleur, à Paris, rue du Faubourg-St.-Antoine, no. 105 : divers Objets en bronze ciselés et dorés.

1055 M. *Mortelèque*, à Paris, rue du Faubourg-St.-Martin, no. 132, qui obtint une Médaille de bronze à l'exposition de 1819 : divers Sujets peints sur faïence.

1056 M. *Millot*, a Paris, rue de Valois, no. 1 : Chocolats divers.

1057 M. *Masson*, à Paris, rue de Richelieu, no. 40 : Chocolats et Bonbons.

1058 *Le même* : Modèle d'une Machine de son invention propre à broyer le chocolat.

1059 M. *Lebrun*, à Paris, quai des Orfèvres, no. 40 : divers Objets d'orfévrerie en argent.

1060 M. *Thuin*, à Paris, rue Saint-Antoine, no. 20 : Lampe mécanique d'après un nouveau système de mouvement.

1061 M. *Tabourot*, à Paris, rue St.-Germain-l'Auxerrois, no. 73 : Bottines à talon carré; Fers de bottes.

1062 M. *Puiforçat*, breveté d'invention, à Paris, rue Mandar, no. 16 : Armes à feu.

1063 MM. *Léger* et *Emon*, propriétaires de la fabrique d'acier et de limes de Chaville, route de Versailles : Limes, Acier fondu français.

uméros.

1064 M. *Alphonse Laveissière*, à Paris, rue Duphot, n°. 5 : un Modèle de cuisine sur l'échelle de neuf millimètres pour 55 millimètres.

1065 M. *Liébert*, à Monceaux (Seine) : Chandelles-bougies ; Tablettes de suif inodore transparentes ; Suif pour la fabrication du savon.

1066 M. *Bernadda*, à Paris, place Dauphine, n°. 19 : divers Articles de bijouterie en platine, et en or et platine.

1067 M. *Devaux*, à Paris, boulevard Poissonnière, n°. 14 : Socles articulés.

1068 M. *Mayer*, breveté d'invention, à Paris, rue des Fossés-Montmartre, n°. 2 : Parfums, Pommade et Huile de Macassar, Poudres dentifrices et rouge de Chine.

1069 M. l'ingénieur *Chevalier*, à Paris, quai de l'Horloge, n°. 1 : une Lunette en cuivre, objectif de quarante-deux lignes, mouvement en engrenage ; autres Instrumens d'optique ; un Baromètre et deux Thermomètres.

1070 M. *Ruffet*, à Paris, Palais-Royal, n°. 95 : divers Objets d'horlogerie en Crisokale.

1071 M. *Bigel*, à Paris, rue des Fossés-Montmartre, n°. 13 : une Cheminée en cuivre.

1072 M. *Barbel*, à Paris, rue de la Colombe', n°. 4 : Pendules et Vases en Cristal.

1073 M. *Pethold*, à Paris, rue d'Orléans-St.-Honoré, n°. 13 : Forté-Piano.

1074 M. *Holzbacher*, à Paris, rue St.-Martin, n°. 176 : Nécessaires, Portefeuilles, Boîte à Thé, Cave à Liqueurs, Trousse de Toilette, Albums et Souvenirs.

Numéros.

1075 M. *Dutour*, à Paris, rue St.-Germain-des-Prés :
un Coffre-Fort mécanique ; une Forge mécanique.

1076 Madame *Brunet*, à Paris, rue du Pont-aux-Choux,
n°. 21 : un Tableau brodé en Soie et Chenille,
Sacs brodés en Acier, et autres.

1077 M. *C. Constans*, à Paris, rue Neuve-St.-Augustin, n°. 5 : diverses Epreuves Lithographiques.

1078 M. *Lenain*, à Paris, rue St.-Antoine, n°. 126 :
Peignes et Lisses pour tous genres de Tissus.

1079 MM. *Vayson* et *Compagnie*, à Paris, rue d'Anjou-St.-Honoré, n°. 5 : Tapis veloutés et autres.

1080 M. *Rieussec*, breveté d'invention, à Paris, rue
Neuve-des-Petits-Champs, n°. 13 : un Régulateur, une Pendule en bronze doré, deux Cronographes à Secondes.

1081 M. *Pierron*, à Paris, rue Croix-des-Petits-Champs, n°. 33 : une Presse Lithographique
et ses accessoires.

1082 MM. *Godard* et *Compagnie*, à Paris, rue du Cimetière-St.-Nicolas, n°. 9 : Bonnets de chasse
et autres en étoffe de crin imperméable.

1083 M. *Didier*, à Paris, rue de Montmorenci, n°. 3,
qui obtint une Medaille d'argent à l'Exposition
de 1819 : Cuirs vernis.

1084 M. *Laignet*, à Paris, rue Chanoinesse, n°. 12 :
un Modèle en Bois d'une Machine Hydraulique.

1085 M. *Lhomond*, à Paris, rue du Faubourg-du-Temple, n°. 30 : Poëles-Cheminées en Stuc, Che-

méros.

minées Chambranles en Stuc, préservant les appartemens de la fumée.

986 M. *Garnerey*, à Paris, rue St.-Honoré, no. 123 : Cadres gothiques ; un bout de Corniche ; un Panneau garni d'Ornemens.

987 M. *Hamelin-Bergeron*, rue de la Barillerie, no. 15, mentionné honorablement à l'exposition de 1819, pour son *Manuel du Tourneur* : Outils de toute espèce.

988 M. *Bonnemain*, à Paris, rue des Deux-Portes-Saint-Jean, no. 6 : Régulateur du feu, et Accessoires de cet appareil.

989 M. *Fouquet* aîné, à Paris, enclos de la Foire-Saint-Laurent : Cachemires français.

990 M. *Albert-Renette*, à Paris, rue Popincourt, no. 50 : Armes à feu.

991 M. *Désirabode*, à Paris, Palais-Royal, no. 154 : Râteliers complets ; Ecrin de dents montées en bijoux.

992 M. *O. Pecqueur*, à Paris, rue Saint-Martin, no. 50, qui obtint une médaille d'argent à l'exposition de 1819 : une Pendule astronomique ; une Pendule à demi-seconde, appelée Régulateur mécanique.

093 *Le Même* : un Modèle de Canne hydraulique perfectionnée.

094 M. *Brulley*, à Paris, rue Louis-le-Grand, no. 16 : Draps teints en écarlate avec de la cochenille de St.-Domingue ; Echantillons de Cochenille.

095 M. *D'Herbecourt*, à Paris, rue des Grands-Augustins, no. 55 : Outils de Taillanderie, Jardinage, Menuiserie, etc.

Numéros.

1096 MM. *Henriot* frère, sœur *et Compagnie*, à Reim⌐
(Marne), qui obtinrent une médaille de bronz⌐
à l'exposition de 1819 : Echantillons de Fla⌐
nelle.

1097 MM. *Nicolas Bourdon* et *Petou*, à Elbeuf (Seine⌐
Inférieure), qui obtinrent une médaille d⌐
bronze à l'exposition de 1819 : Draperie.

1098 M. *Jacques-Louis Grandin*, à Elbeuf (Seine-In⌐
férieure), qui obtint une médaille de bronze
à l'exposition de 1819 : Draperie.

1099 M. *Pierre Turgis*, à Elbeuf (Seine-Inférieure)⌐
qui obtint une médaille d'argent à l'exposition
de 1819 : Draperie.

1100 MM. *Edouard* et *Alexandre Delarue*, à Elbeuf
(Seine-Inférieure), qui obtinrent une mé⌐
daille d'argent à l'exposition de 1806 : Dra⌐
perie.

1101 MM. *Quesné (Mathieu) et fils*, à Elbeuf (Seine-
Inférieure), qui obtinrent une médaille de
Bronze à l'exposition de 1819 : Draperie.

1102 MM. *Lejeune frères*, à Elbeuf (Seine-Inférieure)⌐
Draperie.

1103 M. *Legrand-Durufley*, à Elbeuf (Seine-Infé⌐
rieure) : Draperie.

1104 MM. *Mathieu Quesné et Vauquelin*, à Elbeuf
(Seine-Inférieure) : Draperie.

1105 MM. *Desfresches le jeune et compagnie*, à Elbeuf
(Seine-Inférieure) : Draperie.

1106 MM. *Chefderue et Chaulvreux*, à Elbeuf (Seine-
inférieure) : Draperie.

1107 MM. *Pierre Hayet et Join Lambert*, à Elbeuf
(Seine-Inférieure) : Draperie.

Numéros.

1108 MM. *Pimont frères*, à Rouen (Seine-Inférieure):
Indiennes pour meubles.

1109 M. *Pallais*, à Fécamp (Seine-Inférieure) : Toile
de lin écrue.

1110 MM. *Malfeson et Compagnie*, à Rouen (Seine-Inférieure) : Indiennes pour meubles.

1111 M. *Prudhomme–Duchemin*, à Rouen (Seine-Inférieure : Toile de coton noire.

1112 M. *Gambon–Delarue*, à Rouen (Seine-Inférieure):
Toiles de coton rouge et rayée.

1113 MM. *François Keittinguer et fils*, à Bolbec (Seine-
Inférieure), qui obtinrent une médaille de
bronze à l'exposition de 1819: Indiennes diverses.

1114 M. *Pierre Delahaye fils*, à Bolbec (Seine-Inférieure) : Indiennes pour meubles.

1115 M. *Beunat*, à Sarrebourg (Meurthe), qui fut
mentionné honorablement à l'exposition de
1819 : un Candelabre de forme antique; un
Attique encadré représentant Cérès et ses at-
tributs.

1116 M. *Lesguillon*, à Ferrières (Loiret): Cuirs.

1117. MM. *Mouvet et Mathieu*, à St.-Privé (Loiret):
une Planchette sur laquelle sont appliquées
plusieurs couches de blanc de céruse.

1118 M. *Rouillard*, à Paris, rue des Capucines, no. 5 :
Tonnellerie.

1119 M. *Forveille*, à Paris, rue de la Cerisaie, no.16 :
Serpents de nouvelle forme.

1120 MM. *Grafe*, à Paris, rue des Fossés-Montmartre, no. 13, qui obtinrent une médaille de
bronze à l'exposition de 1819 : Cire à cacheter
de différentes espèces.

Numéros.

1121 M. *Lecertisseur*, à Crèvecœur (Oise) : Tissus de laine.

1122 M. *Loignon (Maurice)*, à Beauvais (Oise), qui obtint une médaille de bronze à l'exposition de 1819 : Draperie fine et commune.

1123 M. *Legrand-Lemor*, à Paris, rue de Cléry, no. 40 : Schalls, cachemires, laine, etc.

1124 M. *Crespel-Delisse*, à Arras (Pas-de-Calais), mentionné honorablement à l'exposition de 1819 : Echantillons de sucre blanc et de sucre candi de betteraves.

1125 *L'hospice de Valognes* (Manche) : Echantillons de dentelles.

1126 M. *Allizeau*, à Paris, quai Malaquais, no. 15, qui fut mentionné honorablement à l'exposition de 1819 : Modèles d'architecture polyèdre, Jeu de combinaison, etc.

1127 M. *Godefroy*, à Caen (Calvados), qui obtint une citation à l'exposition de 1819 : Schalls et Gants angoras, Gants de fourrure, Gants de coton.

1128 M. *Mignot*, à Caen (Calvados) : Schalls angoras.

1129 MM. *Singer et Dufresne*, à Caen (Calvados) : Cotons filés, Calicots.

1130 *La Maison de détention de Beaulieu* (Calvados), (Entrepreneur des travaux, M. *Dufaucamberge*) : Lin et Cotons filés, Linge de table, Draps, Bas, etc.

1131 M. *Tostain*, à Caen, sous la direction de M. *Dufaucamberge* : Peaux de Cheval tannées.

1132 M. *Gouré*, à Caen (Calvados), qui fut men-

tionné honorablement à l'exposition de 1819 :
Coutellerie.

1133 M. *Desmarets*, à Neuilly (Calvados) : Fromages.

1134 M. *Langlois*, à Bayeux (Calvados), qui a obtenu
une Médaille de bronze à l'exposition de 1819 :
Porcelaine.

1135 M. *Boursin*, à Lisieux (Calvados), qui obtint une
mention honorable à l'exposition de 1819 :
Molletons et Tordouets.

1136 M. *Puel*, à Lisieux (Calvados) : Espagnolette et
Tordouet.

1137 M. *Ricquier*, à Lisieux (Calvados), qui obtint une
citation à l'exposition de 1819 : Tordouet noir
et Castorine.

1138 M. *Fournet-Brochais*, à Lisieux (Calvados) : Mol-
leton, Tordouet, Cadis.

1139 M. *Vattier-Jourdain*, à Lisieux (Calvados), qui
a obtenu une Médaille de Bronze à l'exposition
de 1819 : Couverture en poil de bœuf.

1140 M. *Lamidey-Moissard*, à Orbec (Calvados) : Castorine noire, etc.

1141 M. *Mortdefroy*, à Orbec (Calvados) : Lins du
pays et de Flandre blanchis.

1142 M. *Bénard*, à Lisieux (Calvados), qui fut mentionné honorablement à l'exposition de 1806 :
Toile de cretonne.

1143 M. le comte *de Polignac*, au château d'Outre-
laise (Calvados) : Laines-mérinos.

1144 M. *Maheut-Romain*, à St.-Sylvain (Calvados) :
Caparaçons de cheval et Carnassière.

1145 M. *le Bailly* fils, à Falaise (Calvados), mentionné

honorablement à l'exposition de 1819 : Cotons filés.

1146 *L'hospice de Falaise* (Calvados), sous la direction de M. *Boucher-Moulin* : Bonnets de coton blancs.

1147 M. *Davois*, à Falaise (Calvados), qui obtint une citation à l'exposition de 1819 : Bonnets de coton.

1148 M. *Rivière*, à Magny-la-Campagne (Calvados) : Echantillons de Canevas.

1149 M. *Chamberlain*, à Honfleur (Calvados) : Poudres végétatives.

1150 M. *Raray*, à Vire (Calvados) : Draps de tricot.

1151 M. *Lemoine*, à Condé-sur-Noireau (Calvados), qui obtint une citation à l'exposition de 1819 : Reps retors ; Cotons filés.

1152 M. *Lefournier*, à Condé-sur-Noireau (Calvados) : Patencote, Reps, Casimir, Retors, Doublier et Printanière.

1153 M. *Thouvenin*, à Paris, rue de la Parcheminerie, n°. 2, qui fut mentionné honorablement à l'exposition de 1819 : Reliures.

1154 MM. *Clerambault* et *Lecoq-Guibé*, à Alençon (Orne), qui obtinrent une Médaille d'argent à l'exposition de 1819 : Mousselines.

1155 M. *Ch. Pillet-Miron*, à Tours (Indre-et-Loire), qui, sous la raison *Pillet* aîné et *Frédéric Pillet*, obtint une Médaille de bronze à l'exposition de 1819 : Etoffes de soie pour ameublemens et ornemens d'église.

1156 M. *Bazin-Lecomte*, à Condé-sur-Noireau (Calvados) : Reps et Retors.

Numéros.

1156 *bis. Le même* : Coton filé.

1157 MM. *Guillet* frères, à Condé-sur-Noireau (Calvados): Coton filé.

1158 M. *Lefèvre-Lemoine*, à Condé-sur-Noireau (Calvados): Reps et Retors.

1159 M. *Juhel*, à Vire (Calvados): Draps.

1160 M. *Crusem*, à St.-Melaine (Calvados): Tableau fait à la Plume.

1161 M. *Touchard*, à Paris, rue St.-Honoré, n°. 154: Pièces artificielles de l'art du Dentiste.

1162 M. *Fay* jeune, à Paris, place de l'Hôtel-de-Ville, n°. 8 : Dessins.

1163 M. *Lemaire*, à Paris, rue du Roule, n°. 8 : Cuirs à Rasoirs.

1164 M. *Fournier*, à Paris, rue Grenier-St.-Lazare, n°. 6 : Objets divers en Cristal et en Nacre.

1165 MM. *Jaunez* (*Henri*) et *Compagnie*, à Paris, rue de Bondi, n°. 52 : Limes.

1166 M. *Guillot*, à Paris, rue de Grenelle-St.-Honoré, n°. 37 : Pendule à Musique et indiquant les phases de la lune, les quantièmes, les Signes du Zodiaque, etc.

1167 M. *Poly*, à Paris, rue du Faubourg-St.-Martin, n°. 113 : Objets en Acier poli.

1168 M. *Lioche* fils, à Paris, rue Molay, n°. 4: Portefeuilles, Albums, etc.

1169 M. *Lemarchand*, à Paris, rue du Pas-de-la-Mule, n°. 6 : Meubles en bois d'Acajou.

1170 M. *Tharreau*, à Limoges (Haute-Vienne): Porcelaines.

1171 MM. *Hacke* et *Bourgeois*, à Louviers (Eure),

qui obtinrent une Médaille de bronze à l'Exposition de 1806 : Echantillons de Rubans de Cardes.

1172 MM. *Valler* et *Joyeux*, (Moselle) : Coupon de Soie noire ; Pièce de Velours.

1173 M. *Payssé*, à Creutwal (Moselle) : Echantillons d'Acier.

1174 *La Compagnie des mines de fer de St.-Etienne* (Loire) : Echantillons de Fer brut et de Fer épuré.

1175 M. *Martin*, à Saint-Simphorien (Loire) : une Pièce mousseline.

1176 M. *Frentz*, à Metz (Moselle) : Echantillons de Feuilles de placage sciées à la mécanique.

1177 M. *Frédéric Pillet*, à Tours (Indre-et-Loire), qui, sous la raison de *Pillet* aîné et de *Pillet* (*Frédéric*), obtint une médaille de bronze à l'exposition de 1819 : Etoffes de soie pour ameublemens.

1178 MM. *Cartier-Cousin et Compagnie*, à Tours (Indre-et-Loire) : Etoffes de soie pour ameublemens.

1179 MM. *Maurier* et *Soulary* fils aîné, à Lyon (Rhône) : Etoffes de soie.

1180 M. *Halary-Asté*, à Paris, rue Mazarine, no. 37, breveté d'invention : Instrumens à vent.

1181 M. *Léonardon*, à Paris, rue de Vaugirard, no. 60 : une Sonde en gomme élastique.

1182 MM. *Briot-Leroux et Compagnie*, à Paris, rue Sainte-Barbe, no. 3 : Garderobes, Bassins de malade, etc.

1183 MM. *Fauler* père et fils aîné, à Choisy-le-Roi

(Seine-et-Oise), qui, sous la raison *Fauler Kempft*, *Muntzer*, obtinrent une médaille d'or à l'exposition de l'an IX : Maroquins et Peaux de mouton.

1184 M. *Pingot*, à Paris, rue des Arcis, n°. 9 : un Tour et ses Accessoires.

1185 M. *Mugnier*, à Paris, rue Neuve – des – Petits-Champs, n°. 57 : une Pendule à équation, quantième, etc., et autres objets d'Horlo-gerie.

1186 M. *Gando*, à Paris, rue des Maçons-Sorbonne, n°. 21 : Epreuves de fonderie en caractères.

1187 Madame *Gobert*, à Paris, rue Saint-Jacques, n°. 13 : Peintures sur velours et autres Etoffes.

1188 MM. *Lagorce* aîné *et Compagnie*, à Paris, rue des Fossés-Montmartre, n°. 16, qui obtinrent une médaille d'argent à l'exposition de 1819 : Schalls et Etoffes en matière de Cachemire.

1189 M. *Jules Didot* aîné, à Paris, rue du Pont-de-Lodi, n°. 6 : Epreuves des gravures du Voyage en Sicile, Exemplaires de plusieurs ouvrages.

1190 *Le Même* : Presse à imprimer en fonte, de son invention.

1191 MM. *L. Talabot et Compagnie*, à Paris, rue de la Fidélité, n°. 7 : Objets en Zinc laminé, deux Baignoires, etc.

1192 M. *Girard*, à Paris, rue Bourgtibourg, n°. 30 : un Hachoir ou Triturateur, composé d'un Billot et sa Mécanique.

1193 M. *Lalondre*, à Paris, rue de Richelieu, n°. 37 : Pierres gravées.

1194 M. *Lapie*, à Paris, rue de l'Odéon, n°. 28.

neuf Feuilles de la Carte géographique de la Turquie d'Europe.

1195 M. *André-Antoine Schmittschneider*, à Paris, avenue de Ségur, n°. 7 *ter*., derrière le Dôme des Invalides : Instrumens à vent en argent et en cuivre.

1196 M. *Mignard Billinge*, à Belleville (Seine), qui obtint une mention honorable à l'exposition de 1806 : Acier poli servant à l'Horlogerie.

1197 MM. *Vincent et Compagnie*, à Vaugirard, rue de Grenelle, n°. 1 (Seine) : Bleu français, à l'instar des Bleus de Prusse ; un Bloc de prussiate.

1198 Madame *Thomas*, à Paris, rue des Vinaigriers, n°. 21, Faubourg-Saint-Martin : Papiers glacés de toutes couleurs.

1199 Madame *Zambonato*, à Paris, Boulevard des Italiens, n°. 29 : Corsets-ceintures pour monter à cheval.

1200 M. *Benard*, rue Neuve-Saint-Martin, n°. 26, à Paris : Meubles en Bois indigènes et autres.

1201 M. *Joubert*, à Paris, rue d'Angoulême du Temple, n°. 1 : Une Pendule et deux Vases en cartonnage.

1202 M. *Romagnesi*, à Paris, rue de La Tour-d'Auvergne, n°. 10 : Sculpture en carton-pierre.

1203 M. *Breffort*, à Paris, rue de Bondy, n°. 60 : Papier marbré et satiné.

1204 MM. *Dumas* père et fils, à Paris, aux Quinze-Vingts, faubourg Saint-Antoine, qui obtinrent une mention honorable en 1819 : Roulettes en fer et en cuivre ; Sujets en fonte de fer et autres objets.

Numéros.

1205 M. *Lemoine*, à Paris, rue de Poitou, n°. 7: Chaînes d'engrenage brutes et blanchies.

1206 M. *Dehèque*, à Paris, rue des Fossés-Montmartre, n°. 13:
Deux Bronzes pédestres, l'un représentant S. A. R. Monseigneur le duc de Berry, l'autre Henri IV.

1207 M. *Souffrant*, à Paris, rue de Surenne, n°. 9: Machine à préparer la laine.

1208 MM. *Lemonier* et *Chesle*, à Paris, rue de la Montagne Sainte-Geneviève, n°. 24: Épreuves de Gravures en relief pour reliure.

1209 M. *Bierstedt*, à Paris, rue du faubourg Poissonnière, n°. 1: Piano à deux cordes six octaves;
Un autre à trois cordes.

1210 M. *Auguste Cochet – Dehenne*, à Paris, rue Saint-Denis, n°. 97: Robes en Crêpe, Tulle, Gaze, etc.
Tissus de paille; Chapeaux en sparterie, etc.

1211 M. *Bariole*, à Paris, rue de Bourgogne, n°. 18: Coutellerie.

1212 M. *Hénon*, à Paris, rue Saint-Denis, n°. 178: Peignes d'écaille de diverses façon.

1213 M. *Domet*, à   (Jura):
Palettes à aiguiser.

1214 *Le même*: Une Lunette achromatique.

1215 MM. *Terneaux et fils*, à Paris, place des Victoires, n°. 6, qui, sous la raison de *Terneaux frères*, obtinrent une médaille d'or à l'exposition de l'an IX: Draps, Cachemires, Tapis, et autres articles de leurs Manufactures de Sedan, Louviers, Elbeuf, Rheims, St.-Ouen et Paris.

Numéros.

1216 M. *Rionnet*, à Paris, rue du faubourg Saint-Martin, n°. 142 : Cheminées, Montans de cheminées et Guéridons en marbre.

1217 MM. *Moreau* frères, à Chantilly (Oise), qui, sous la raison *Moreau et fils*, obtinrent une médaille d'or à l'exposition de 1819 : Dentelles.

. *Dallut* (*J. M. P.*), employé à la préfecture du département de la Seine : Testament de Louis XVI, imprimé avec des caractères funèbres.

1219 Madame veuve *Dumay*, à Paris, rue de la Vieille-Boucherie, n°. 12 : Divers Instrumens de chirurgie.

1220 MM. *Laroche*, *Mounier* et *Compagnie*, à Paris, rue de Rochechouart, n°. 61 : Pointes dites de menuisier, de serrurier, de vitrier, et Pointes d'instrumens.

1221 M. *Rouy* (*Charles*), à Paris, rue Picpus, n°. 56 : Mécanique uranographique.

1222 M. *Musseau*, à Paris, rue du faubourg Saint-Antoine, n°. 9 : Limes.

1223 M. *Bauson*, à Paris, rue de Montreuil, n°. 85, faubourg St.-Antoine, qui obtint une médaille d'argent à l'exposition de 1819 : Schalls de cachemire.

1224 M. *Moulin*, à Paris, enclos du Temple, n°. 17 : Brosses et Pinceaux.

1225 *Le Même* : Un Outil à arrondir les roues de pendules.

1226 *Le Même* : Une Pendule.

1227 M. *Challiot*, à Paris, rue Saint-Honoré, n°. 338 : Deux Harpes.

1228 M. *Laurent* (*Henri*), à Paris, rue Neuve-des-

Mathurins, n°. 20, qui, sous la raison *Robillard et Laurent*, obtint une médaille d'or à l'exposition de 1806 : Musée royal, deux volumes grand in-folio.

1229 M. *Tugot*, à Paris, carré Porte Saint-Martin, n°. 297 : Un petit Fusil.

1230 M. *Chareyre*, à Paris, rue des Billettes, n°. 7 : Un Piano.

1231 MM. *Rieid et Compagnie*, à Paris, rue de la Paix, n°. 1 : Fils de lin simples, à deux et trois bouts.

1232 M. *Rétif-Sigogne*, à Sablé (Sarthe) : Ganterie.

1233 M. *Fautrat - Chedun*, à Sablé (Sarthe) : Ganterie.

1234 M. *Hondemon-Portebœuf*, à Sablé (Sarthe) : Ganterie.

1235 M. *Leduc de Luynes*, à Sablé (Sarthe) : une Carte d'Echantillons de laines mérinos, race pure d'Espagne, provenant du troupeau des Chenets.

1236 M. *Cormier*, à Sablé (Sarthe) : Echantillons de laine.

1237 M. *Pinot*, à Sablé (Sarthe) : Echantillons de laine.

1238 M. *Montaubon-Besson*, à Précigné (Sarthe) : deux Echantillons de draperie commune.

1239 M. *Poulet (François)*, à Précigné (Sarthe) : deux Echantillons de draperie commune.

1240 M. *Persignan*, à Précigné (Sarthe) : deux Echantillons de draperie commune.

Numéros.

1241 M. *Boulay* (*François*), à Précigné (Sarthe) : Etamine à pavillon.

1242 M. *Levrault* (*François-Georges*), à Strasbourg (Bas-Rhin), qui obtint une médaille d'argent à l'exposition de 1806 : Ouvrage Lithographié par un procédé nouveau. Plan de la ville de Strasbourg exécuté à la plume et au tireligne.

1243 M *Fulcrant-Captier*, à Lodève (Hérault), qui obtint une médaille d'argent à l'exposition de 1819 : Draperie commune.

1244 M. *Bigot-Frigard*, à Evreux (Eure) : Echantillons de coutil.

1245 M. *Dufour*, à Paris, rue Beaubourg (Seine): un Cadre contenant un filigranne qui peut être employé à la fabrication du papier.

1246 M. *Matignon*, à Paris, rue de Charonne, n°. 41 : Cardes.

1247 M. *Orbelin fils*, à Paris, rue aux Ours, n°. 23 : Bijouterie dorée.

1248 MM. *Dufour frères*, à Paris, rue du Mail, n°. 16: Schalls.

1249 MM. *Herbin et Mareschal*, à Paris, rue de la Verrerie, n°. 52 : Cire à cacheter.

1250 M. *Mongin aîné*, à Paris, rue Galande, n°. 63 : Scies pour mécanique, Racloirs pour indienne, et Ressorts pour pendules.

1251 M. *Bougon*, à Paris, rue des Noyers, n°. 33, mentionné honorablement à l'exposition de 1819 : Epreuves de Gravures sur bois.

1252 M. *D'Ocagne*, à Paris, rue Neuve-des-Bons-Enfans, n°. 25, qui obtint une médaille d'argent à l'exposition de 1819 : Robe, Fichus et

Voile en dentelle; Tableau d'échantillons de
Dentelles et Broderies sur mousseline.

1253 M. *Tompson*, à Paris, rue des Noyers, nº. 33,
qui obtint une médaille de bronze à l'exposition de 1819 : divers Sujets gravés en bois.

1254 M. *Palézy*, à Paris, rue de Montreuil, nº. 1 :
Echantillons de Fil de lin, blanc et gris.

1255 M. *Lamy*, libraire, à Paris, quai des Augustins,
nº. 21 : vingt-sept Volumes des Estampes de
l'œuvre des Piranési, et trois des Manuscrits
à imprimer.

1256 M. *Hüe*, à Paris, rue du Caire, nº. 22 : divers
Objets de Tabletterie.

1257 M. *Pihet* (*Eugène*), à Paris, cour de l'Orme,
nº. 2, près la place St.-Antoine : Batteur double à éplucher le coton.

1258 M. *Courtat*, à Paris, aux Champs-Elysées, Cours-
la-Reine, près l'allée des Veuves : divers
Echantillons de Poterie.

1259 M. *Gastinne* fils, à Louviers (Eure) : Draperie.

1260 MM. *Petou* frères et fils, à Louviers (Eure),
qui obtinrent une médaille d'argent à l'exposition de l'an X : Draperie.

1261 M. *Petou*, à Louviers (Eure), qui obtint une
médaille d'argent à l'exposition de 1806 : Draperie.

1262 M. *Voufflard* et *Compagnie* (Eure) : Draperie.

1263 M. *Gerdret* aîné, à Louviers (Eure), qui obtint
une médaille d'or à l'exposition de 1819 : Draperie.

1264 M. *Ducôté* (*C.-A.*) à Louviers, (Eure) : Draperie.

Numéros.

1265 La *Maison centrale de détention* de Gaillon (Eure), mentionnée honorablement à l'exposition de 1819 : Rouennerie, Tapis, Objets de fantaisie.

1266 MM. *Thirouin-Gauthier* fils et frères, à Evreux (Eure), qui furent mentionnés honorablement en l'an VI : Coutils et autres Articles.

1267 M. *Hersent*, à Evreux (Eure) : Bonneterie.

1268 MM. *Themus, Boutigny* et *Compagnie*, à Louviers : Echantillons de Draps teints.

1269 M. *Picquefeu* (*Jean-Baptiste*), à Pont-Audemer (Eure), mentionné honorablement à l'Exposition de 1819 : Echantillon de Colle-Forte.

1270 MM. *Racine* et *Gerdret*, à Louviers (Eure) : Draperie.

1271 M. *Touttain* aîné, à Bray (Eure) : Toiles, Molletons et Basins.

1272 M. *Colombel* (*Pierre*), à Claville (Eure), qui obtint une citation à l'Exposition de 1819 : Echantillons de Coutil.

1273 *Le même* : Echantillons teints.

1274 Mesdemoiselles *Lesouëf* de *Pétigny*, à Paris, rue des Petits-Champs, n°. 13 : Echantillons de Cols élastiques pour Cravates.

1275 M. *Tobeli*, à Paris, rue St.-Honoré, n° 10 : Peignes de diverses sortes.

1276 MM. *Collier* (*John*) et *Sevène* (*Auguste*), à Paris, rue Richer, n°. 20, qui, sous la raison Poupart de Neuflize, Sevène et Collier, obtinrent une Médaille d'or à l'Exposition de 1819 : Machine à tondre les Draps, dite Tondeuse ; Fumivore ou appareil destiné à alimenter de Combustible les Pompes à feu et autres Fourneaux.

1277 M. *Tourrot* aîné, à Paris, rue Ste.-Avoye, n°. 53, qui fut mentionné honorablement à l'Exposition de 1819 : Vaisselle et Ornemens d'Eglise en Doublé d'or et d'argent.

1278 M. *Langlois*, à Paris, rue des Marmouzets, n°. 36, qui fut mentionné honorablement à l'Exposition de 1819 : une Carte Topographique du département de la Seine.

1279 M. *Collas* dit *André*, à Paris, rue du Fouarre, n°. 9 : Essais d'une Machine appliquée à la Taille-Douce.

1280 M. *Thiebaut* fils, à Paris, rue du Ponceau, n°. 42 : deux Cylindres d'Impression à l'usage des fabricans de Toiles peintes.

1281 M. *Bernard*, à Paris, rue de Montmorency, n°. 3 : Corbeille en Bois sculpté ; deux Pendules en Bois doré.

1282 MM. *Georgeon* et *Bontemp*, à Choisy : Cristaux, Glaces soufflées, Verres plats et autres, le tout provenant de la Verrerie de Choisi-le-Roi.

1283 M. *Gailard* jeune, à Paris, rue du Marché-Neuf, n°. 20, qui fut mentionné honorablement en 1819 : quatre Pompes à incendie.

1284 MM. *Bietry* et *Belleville*, à Paris, rue du Faubourg St.-Denis, n°. 193 : Fil et Tissus de cachemire.

1285 M. *Bordot*, à Semur (Côte-d'Or) : deux Ruches de forme nouvelle.

1286 M. *Desobry*, à Saint-Denis (Seine) : Farine de gruau sassé, Farine de blé moulu à l'anglaise.

Numéros.

1287 MM. *Janet* et *Cotelle*, à Paris, rue St.-Honoré, n°. 125 : Collection complète des Quintetti de Boccherini.

1288 M. *L. J. Gohin*, à Paris, rue Neuve-St.-Jean, n°. 9, Faubourg St.-Martin : Echantillons de Cardes.

1289 M. *L. J. Gohin*, à Paris, rue du Faubourg St.-Martin, n°. 63, ou rue Neuve-St.-Jean, n°. 3, qui, sous la raison de *Gohin* frères, obtinrent une médaille d'argent à l'exposition de l'an X : Couleurs.

1290 *Le même* : Papiers peints.

1291 M. *Obrion*, à Paris, rue Saint-Martin, n°. 30 : Polygraphe.

1292 Mesdames *Manceau*, à Paris, rue Ste.-Avoye, n°.57, brevetées d'invention, qui obtinrent une médaille de bronze à l'exposition de 1819 : Chapeaux tissus en soie, Gilets tissus en soie, Gilets tressés, Bourses mélangées or et soie.

1293 M. *C. D. Blondel*, à Paris, rue de Cléry, n°. 18 : Bergère-Gondole en acajou massif, formant Chaise-longue et Berceau.

1294 M. *Boguin*, à Paris, Vieille rue du Temple : Objets de menuiserie.

1295 MM. *Hacks* et *Compagnie*, à Paris, rue du Faubourg St.-Antoine, n°. 47, breveté d'invention : Machine pour les cadres dorés.

1296 M. *Beckers*, à Paris, rue du Roule, n°. 3 : trois Harpes et trois Pianos.

1297 M. *Savaresse-Sarru*, à Paris, plaine de Grenelle, n°. 7 : Cordes harmoniques.

Numéros.

1298 M. *Lefèvre*, à Paris, Palais-Royal, n°. 83 : Instrumens à vent.

1299 M. *Mauget*, à Paris, rue Servandoni, n°. 22 : divers Ouvrages sculptés en bois.

1300 M. *Lallemand*, à Gentilly, et à Paris, rue Boudenaud, n°. 115 : Six peaux de chevreau préparées.

1301 M. *Douault-Wieland*, à Paris, rue Sainte-Avoie, n°. 19, qui obtint une médaille d'argent à l'exposition de 1819 : Vase en vermeil, Strass, Topaze et Eméraude montés.

1302 *Le Même* : un Assortiment de Masses imitant les Pierres précieuses, Rouge français à polir les métaux, une Collection de Pierres de différentes couleurs.

1303 M. *Sœhnée* (*Charles-Frédéric*), à Paris, rue de la Contrescarpe-St.-Antoine, n°. 50 : Echantillons de Peintures pyrotechniques, Cheminée, Pendule, Vases et autres Objets.

1304 M. *Chéron*, à Paris, rue Neuve–des–Petits–Champs, n°. 55 : Ouvrages de tour en ivoire, Ebène et Albâtre.

1305 M. *Bezançon*, à Paris, rue Vivienne, n°. 24 : quarante Pièces d'objets de Quincaillerie.

1306 M. *Biais*, à Paris, rue des Noyers, n°. 12 et 14 : divers Ornemens d'église, brodés en or, argent et soie.

1307 M. *Gauthier* (*J. S. C.*), pharmacien, rue Neuve–Saint-Eustache, n°. 15 : Flacons de bouillon consommé, Boîtes de gélatine, Tablettes de bouillon, divers Appareils fumigatoires, etc.

1308 M. *Brincourt* père et fils *et Compagnie*, à Sedan (Ardennes) : Draps de diverses couleurs, Casimir écarlate.

1309 M. *Duchaussoy* (*François-Victor*), à Troyes (Aube) : Bonneterie.

1310 M. *Schwickardi*, breveté d'invention, à Paris, rue de la Grande-Truanderie, n°. 48 : Cheminées qu'il appelle Polycrestes, Réchauds, Chaufferettes.

1311 *Le Même* : Lampes diverses, Bougeoirs.

1312 M. *Clerc* neveu, à Louviers (Eure) : Draps zéphyrs.

1313 M. *Bertinot* (*Augustin-Victor*), à Louviers (Eure) : quatre Pièces de draps.

1314 M. *Restat* fils, à Louviers (Eure) : quatre Pièces de draps.

1315 M. *de Neufflise* (*André*), à Louviers (Eure) : cinq Pièces de draps.

1316 M. *Trémeau et Compagnie*, à Louviers (Eure) : sept Pièces de draps.

1317 M. *Durand*, directeur du magasin des inventions, à Paris, rue de Bussy, n°. 19 : Grosses colonnes en marbre d'Italie, Echantillons imitant plusieurs espèces de marbres, etc.

1318 *Le Même :* divers Moulins à blé, et beaucoup d'Objets d'économie domestique.

1319 *Le Même :* divers Outils de jardinage.

1320 M. *Derepas*, à Dijon (Côte-d'Or) : Filasse obtenue du phormium-tenax, ou Lin de la Nouvelle Zélande; Fil à dentelle fait avec la même matière; Feuilles sèches et brutes de ladite plante.

Numéros.

1321 M. *Laurens*, à Paris, passage du Saumon, n°s. 31, 32 et 33 : un Appareil à l'usage des limonadiers, dix Cafetières, six Réchauds, en fer-blanc et en cuivre.

1322 M. *Faciot*, à Montmartre, près Paris : divers Echantillons de Laine de Cachemire, savoir : bruts et non-éjarrés, éjarrés et peignés.

1323 M. *Massard*, à Paris, rue des Fossés-St.-Victor, n°. 37 : trois Cadres renfermant des gravures d'histoire naturelle.

1324 M. *Dannet*, à Beaumont-le-Roger (Eure) : qui obtint une médaille d'argent à l'exposition de 1819 : Draperie superfine.

1325 *Les Entrepreneurs des fonderies de Romilly*, département de l'Eure, qui obtinrent une médaille d'or à l'exposition de 1819 : deux Cadres contenant des Clous à bordage pour la marine royale, Cuivre rouge, Fil de laiton de différentes grosseurs, Planches de cuivre rouge et jaune.

1326 M. *Viviès* frères, à Chalabre (Aude) : Draps.

1327 M. *Guiraud-Fournil*, à Limoux (Aude) : Draps.

1328 M. *Boichis* et *Vesian*, à Limoux (Aude) : Draps.

1329 M. *Chacon*, à Marcilly-sur-Eure (Eure) : une Charrue.

1330 M. *Lesueur* jeune, à Paris, rue des Mathurins, n°. 16, quartier de la Sorbonne : divers Instrumens de chirurgie.

1331 MM. *Firmin Didot* père et fils, à Paris, rue Jacob, n°. 24, qui obtinrent une médaille d'or à l'exposition de 1819 : huit Cadres renfermant des Cartes de géographie, exécutées typographiquement.

Numéros.

1332 M. *Mignot*, à Paris, rue Meslay, no. 58 : Tulle de coton.

1333 MM. *Lainné et compagnie*, à Paris, rue des Fossés-Montmartre, no. 35 : Schalls de cachemire.

1334 MM. *Rivière*, *Lartigue* et *Lafargue*, à Bordeaux (Gironde) : une Boîte de Soufre en bâton.

1335 M. *Quinton*, à Bordeaux (Gironde) : une Caisse de Comestibles.

1336 M. *Souverbie*, à Leognan (Gironde) : une Toison de Mérinos.

1337 M. *Delaveau*, à Bordeaux (Gironde) : une Douzaine d'Eprouvettes.

1338 M. *Delorme*, à Bordeaux (Gironde) : quatre Douves de barrique.

1339 M. *Dortie* (*John*), à Beautiran (Gironde) : Echantillon de coton indigène, récolté dans l'enclos de la manufacture d'indiennes de MM. Meiller et Compagnie, dont M. Verdonnet est propriétaire.

1340 M. *Charles Constantin*, à Châteauroux (Indre) : Echelle faite en tissu croisé, en ficelle et en fil en trois brins torts, avec des Echelons en bois incrustés dans les montans.

1341 M. *Dutertre-Lemaitre*, au Mans (Sarthe) : Etamine Voile, Etamine à pavillon de vaisseau.

1342 MM. *Perregaux* et *Robin*, à Jailleu (Isère) : Echantillons de Toiles peintes.

1343 MM. *Risler* frères et *Dixon*, à Cernay (Haut-Rhin) : une Machine à éplucher le coton.

1344 M. *Lafond-Villiers*, à Paris, rue de Grenelle-St.-Germain, hôtel du bon Rousseau : Echantil-tillons de marbre français.

Numéros.

1345 M. *Labbaye*, breveté d'invention, à Paris, rue de Chartres, nº. 14: Instrumens à vent et autres.

1346 M. *Roger* (*J.-A.*), à Paris, rue du Bac, nº. 111: Calorifères, Four mobile, Poële à colonne, et autres Appareils.

1347 La *Manufacture royale des glaces*, qui obtint une médaille d'or à l'exposition de 1806 : cinq Glaces et une Feuille d'Etain à étamer les glaces.

1348 M. *Thomas* (chevalier), de *Colmar*, à Paris, rue Caumartin, nº. 2 : deux Arithmomètres.

1349 M. *Thouvenain* aîné, à Paris, rue Mazarine, nº. 34 : Echantillons de reliures ordinaires et à Compartimens.

1350 M. *Naderman*, à Paris, rue de Richelieu, nº. 46 : Harpes dorées avec leurs Parties mécaniques.

1351 M. *Kiel*, à Paris, rue St.-Honoré, nº. 412 : une Cheminée en Tôle recouverte et garnie en Marbre.

1352 M. *Jacquinet* jeune, à Paris, rue de Richelieu, nº. 37 : une Cheminée d'un nouveau modèle.

1353 M. *Buran* jeune et *L. Marchand*, à Charenton (Seine): divers Produits Chimiques.

1354 M. *Rouyer*, à Paris, rue du Petit-Lion-St.-Sauveur, nº. 18: Echantillons de Franges en perles pour ameublement; Perles Orientales fausses.

1355 M. *Cœur*, à Paris, rue de la Verrerie, nº. 51 : une Pendule à Equation, Secondes et Echappemens à force constante; un Piédestal surmonté du Buste de Henri IV, et avec mouvement ; un autre avec la Statue équestre de Henri IV ; trois Mouvemens et un rapporteur.

1356 M. *Pilloy*, à Paris, rue Bourg-l'Abbé, n°. 20 : cinq Parures composées chacune d'un Peigne et de Boucles d'oreilles en Perles fines ; une Parure complète et un Bandeau en Perles fines ; un Vaisseau en Or, Argent et Acier sur son Meuble en Acajou.

1357 MM. *Bouchet* et *Poitiers*, à Paris, rue Taitbout, n°. 15 : un Tapis velouté et un Tapis ras provenant de la manufacture d'Aubusson.

1358 M. *Walker* (*John*), à Paris, rue de Richelieu, n°. 88 : Articles de Chamoiserie et de Ganterie.

1359 MM. *Bosquillon* frères, à Paris, rue Neuve-St.-Eustache, n°. 13 : Schalls et autres Tissus de Cachemire.

1360 M. *Mouton*, à Paris, rue des Vieux-Augustins, n°. 54 : une Attelle pour Fracture du Fémur, et une pour faiblesse de Jointure ; une Ceinture et quatre Bandages mécaniques.

1361 M. *Hadrot*, breveté d'invention, à Paris, rue des Fossés-Montmartre, n°. 14 : Lampes, Candelabres et divers autres objets.

1362 MM. *Fabreguettes* et *F. Martel* frères, (Hérault) : Draperie.

1363 M. *Gauffre* (*Pierre*), à Lodève (Hérault) : Draperie commune.

1364 M. *Faulquier*, à Lodève (Hérault) : Draperie commune.

Numéros.

1365 MM. *Páscal* et *Roqueplane*, à Lodève (Hérault): Draperie commune.

1366 M. *Vallat* (*Auguste*), à Lodève (Hérault): Draperie.

1367 M. *Drulhon-Miergue et Compagnie*, brevetés d'invention, à Anduze (Gard): Chapeaux de soie.

1368 M. *Teissier - Ducros*, à Vallerangues (Gard): Cocons de soie grève et ouvrée.

1369 M. *Gril et Compagnie*, à Nîmes (Gard): Fichus en soie.

1370 M. *Cabane*, à Nîmes (Gard): Pélerines, Schalls et autres objets.

1370 *bis*. *Le Méme*: Echantillons de soie grège.

1371 M. *Cruviellier* (*Louis*), à Nîmes (Gard): Soieries.

1372 M. *Raoux et Compagnie*, à Nîmes (Gard): Fichus façon cachemire et Mérinos frangé.

1373 M. *Roux-Carbonel*, à Nîmes (Gard): Robes: Fichus, Schalls bourre de soie.

1374 MM. *Martin* frères, à Nîmes (Gard): Schalls, Etoffes pour robes, Fichus.

1375 M. *Grégoire* frères, à Nîmes (Gard): Robe et Fichu en tulle.

1376 MM. *Sabran* père et fils, *Curnier et Compagnie*, à Nîmes (Gard): Fichus, Etoffes pour robes, Crêpe.

1377 MM. *Monteux* et *Vidal*, à Nîmes (Gard): Schalls et Fichus.

1378 M. *Carcassonne* frères, à Nîmes (Gard): Schalls en bourre de soie.

Numéros.

1379 M. *Roux* cadet, à Nîmes (Gard) : Bonneterie, Fichus.

1380 M. *Veaute et Compagnie*, à Nîmes (Gard) : Etoffes pour robes.

1381 M. *Julian*, à Nîmes (Gard) : Schalls.

1382 MM. *Pujet* et *Bousquet*, à Nîmes (Gard) : Echantillon de Florence renforcée; Fichu, Gaze, Barège.

1383 MM. *Careing et compagnie*, à Nîmes (Gard) : Taffetas.

1384 M. *Gentil*, à Nîmes (Gard), qui obtint une médaille de bronze à l'exposition de 1819 : Plusieurs feuilles de Carton.

1385 M. *Jean Tur et compagnie*, à Nîmes (Gard) : Bonneterie, Gants, Bonnets en bourre de soie.

1386 M. *Sipeire* et *Lacroix*, à Sauve (Gard) : Bonneterie.

1387 M. *Baumier* (*Louis*), au Vigan (Gard) : Peaux.

1388 M. *Tastevin*, à Alais (Gard) : Échantillons de Soie filée.

1389 M. *Chambon* (*Louis*), à Alais (Gard) : Échantillons de soie grège.

1390 M. *Fabre* frères, à Nîmes (Gard) : Bonneterie de coton.

1391 MM. *Salles* frères, au Vigan (Gard) : Bonneterie de coton.

1392 M. *Denuelle*, à Paris, rue de Crussol, n°. 8, boulevard du Temple : Buste en porcelaine de S. A. R. Madame la Duchesse de Berry; et une grande quantité de Vaisselle de la même matière.

1393 MM. *Gosse et Durand*, à Paris, rue Marie-Stuard, n°. 8 : Échantillons de Peaux pour casquettes.

1394 *Marion, Mathieu et compagnie*, à Nîmes (Gard) : Étoffes de bourre de soie.

1395 *Maison centrale de détention de Nîmes* : Soie filée et non filée ; Bretelles.

1396 M. *Annat* fils aîné, au Vigan (Gard) : Cotons filés.

1397 M. *Plantier*, à Alais (Gard) : Soie filée.

1398 M. *Griolet*, à Nîmes (Gard) : Laine filée.

1399 MM. *Rocheblave et compagnie*, à Alais (Gard) : Soie blanche.

1400 MM. *Raymond* frères, au Vigan (Gard) : Un Cuir dit à la Jusée.

1401 M. *Gibelin*, à Sauve (Gard) : trois Fourches en bois.

1402 M. *Clauzel*, à St.-Hypolite (Gard) : Colle-Forte.

1403 M. *Colcomb* (*James*), à Paris, quai de l'Ecole, n°. 18 (Seine) : Echantillons de couleurs fines.

1404 M. *Fazy*, à Paris, rue Saint-Honoré, n°. 248 : divers Echantillons de Tulles-Dentelles provenant de la fabrique de MM. *Corbitt, Bailey et Compagnie*, de Douai (Nord).

1405 M. *Janet* (*Louis*), à Paris, rue Saint-Jacques, n°. 59 : Librairie.

1406 M. *Clérambault*, à Alençon (Orne), qui obtint

une médaille d'argent à l'exposition de 1819, pour Mousselines : Dentelles.

1407 M. *Jeandet*, à Paris, rue du Faubourg du Temple, n°. 67 : divers Bijoux en acier poli.

1408 MM. *Isot et Eck*, à Paris, rue Saint-Roch-Poissonnière, n°. 8 : Schalls de Cachemire.

1409 M. *Caron*, à Paris, rue du Faubourg Saint-Denis ; n°. 42, mentionné honorablement à l'exposition de 1819 : Lampes astrales et autres.

1410 M. *Fontenilliat*, au Vast près de Valognes (Manche), qui obtint une médaille d'argent à l'exposition de 1819 : Coton filé et Calicots écrus.

1411 M. *Thomasse*, à St.-Lô (Manche) : Couteaux, manches d'écaille plaqués d'argent.

1412 *L'Hospice de Pontorson* (Manche), mentionné honorablement en 1819 : Echantillons de dentelles.

1413 *L'Hospice d'Avranches* (Manche), mentionné honorablement en 1819 : Echantillons de dentelles.

1414 M. *Lansaut* (*Jacques*), à Coutances (Manche), qui obtint une citation à l'exposition de 1806 : Parchemins.

1415 M. *Couturier*, à Cherbourg (Manche) : Soude raffinée.

1416 M. *Dolley aîné*, à Saint-Lô (Manche), qui obtint une citation à l'exposition de 1819 : Coutils.

1417 M. *Delaunay* (*Emmanuel*) *fils*, à Coutances (Manche) : Coutils.

1418 M. *Lefebvre Gosset*, à Gavray (Manche), qui fut mentionné honorablement en 1819 : Echantillons de toile de crin.

Numéros.

1419 M. *Dumesnil*, à Coutances (Manche) : Echantillons de reps.

1420 M. *Esneu*, à Mortain (Manche) : Vases en terre cuite.

1421 M. *Cheneaux*, à Paris, rue Ste.-Anne, no. 5 : Rasoirs, Canifs et Cuirs à rasoir.

1422 M. *Margueritte*, à Paris, rue des Prouvaires, no. 20 : Echantillons de diverses Pâtes d'Italie.

1423 M. *Goyer*, à Plaigny, près Louvres : un Portrait en blonde représentant le Roi de France.

1424 MM. *Lehoult et compagnie*, à St.-Quentin (Aisne), qui obtinrent une médaille d'argent à l'exposition de 1819 : Perkales, Mousselines, Batistes.

1425 *Les Mêmes*, à St.-Quentin (Aisne) : Cotons filés.

1426 M.   , à Perpignan (Pyrénées-Orientales) : deux Peaux de Chèvres du Thibet.

1427 M. *Roswag* fils, à Schelestadt (Bas-Rhin), qui obtint avec son père, en 1806, une médaille de bronze : Echantillon de Gaze métallique.

1428 *Dournay*, à Lobsaun (Bas-Rhin) : Graisse d'asphalte, et Mastic minéral bitumineux.

1429 M. *Thomas*, à Strasbourg (Bas-Rhin) : un Chapeau d'homme.

1430 M. *Fritz*, à Sarreguemines (Moselle) : Creusets.

1431 MM. *J.-B. Laurent* père et fils, à Amiens (Somme), qui obtinrent une médaille de bronze à l'exposition de 1819 : Echantillons de Velours.

1432 M. *Rivals*, aux Forges de Gincla (Aude), qui

obtint une médaille de bronze à l'exposition de 1819 : Limes et Aciers.

1433 M. *Delebourse*, à Paris, rue Ste.-Avoie, n°. 53 : Armes de chasse.

1434 M. *Le Prévost*, à Yvetot (Seine-Inférieure) : Echantillons de Siamoise.

1435 MM. *Nevon* et *Kurtz Bapaume*, à Rouen (Seine-Inférieure) : Foulards.

1436 M. *Delarue* aîné, à Rouen (Seine-Inférieure), qui obtint une médaille d'argent à l'exposition de 1819 : Nankins et Calicots apprêtés.

1437 M. *Yvart Pavie*, à Darnetal (Seine-Inférieure) : Cotons filés.

1438 *Le Même* : Etoffes.

1439 M. *Lefébure Barthélemy*, à Rouen (Seine-Inférieure) : Colle-forte.

1440 M. *Bertout de St.-Saens*, (Seine-Inférieure), qui obtint une médaille de bronze à l'exposition de 1819 : Colle-forte.

1441 MM. *Clatot de St.-Martin* et *Lepicand*, à Ivetot (Seine-Inférieure) : Siamoise Rouge rayée.

1442 M. *Thomas*, à Ivetot (Seine-Inférieure), qui obtint une citation en 1819 : Piqué double, grands Carreaux.

1443 M. *Mainot*, à Rouen (Seine-Inférieure) : Peignes, Rots d'Acier.

1444 M. *Delamare* aîné, (Seine-Inférieure) : un Flacon de Minium.

1445 M. *Foster-Stair*, à la Chapelle-St.-Denis, près Paris : Fils de Cachemire.

Numéros.

1446 Mademoiselle *J. Gard-Latertre*, à Paris, rue Ste.-Anne, n°. 59 : une Robe en Blonde blanche ; un Schall carré en Dentelle noire, et un Fichu marmotte en Blonde blanche.

1447 MM. *Laurent* et *Duguet*, à Paris, rue St.-Jacques, n°. 241 : divers Caractères d'Imprimerie.

1448 MM. *Fourneau*, *Godard* et *Mustel*, à Rouen (Seine-Inférieure) : Indiennes pour Meubles.

1449 M. *Decaens* jeune, à Rouen (Seine-Inférieure): Etoffes pour Robes.

1450 M. *Tallon*, à Rouen (Seine-Inférieure): Mouchoirs façon Madras.

1451 Madame *Flary*, à Rouen (Seine-Inférieure): Cartes à presser les Draps, Soieries, etc.

1452 M. *Mordant*, à Rouen (Seine-Inférieure): Casimir Coton.

1453 M. *Blaisot*, à Paris, au Palais-Royal, Galerie de bois, n°. 248 : Gravures et Vignettes.

1454 MM. *Ribouleau* et *Jourdain*, Louviers (Eure), qui obtinrent une Médaille d'or à l'Exposition de 1819 : Draperie.

1455 M. *Barbet*, successeur de M. Oberkamp, à Jouy (Seine-et-Oise): Echarpes, Stores, Etoffes et Tapis.

1456 M. *Allis*, à Paris, rue Neuve-des-Petits-Champs, n°. 11, au perron de la rue Vivienne : Perruques et Modèles en cire.

1457 M. *Chauvel-Joua*, au Grand-Couronne, près Rouen (Seine-Inférieure): Dentelles et Tulles.

Numéros.

1458 MM. *Lami* et *Stackler*, à Rouen (Seine-Inférieure) : Indiennes.

1459 MM. *Sénéchal et Compagnie*, au Grand-Couronne, près Rouen (Seine-Inférieure) : Tulles-Coton.

1460 M. *Hondeville*, à Longueil (Seine-Inférieure) : Laine en suint.

1461 M. *François Lecler*, à Rouen (Seine-Inférieure) : Echantillons de Cardes.

1462 M. *Pons*, à St.-Nicolas-d'Aliermont (Seine-Inférieure), qui obtint une Médaille d'argent à l'exposition de 1819 : Mouvemens de Pendules.

1463 M. *Amédée-Lambert*, à Rouen (Seine-Inférieure) : Faïence.

1464 M. *Ledoux-Woode*, à Forges-les-Eaux (Seine-Inférieure) : Faïence.

1465 MM. *Mutel et Compagnie*, à Forges-les-Eaux (Seine-Inférieure), Faïence.

1466 M. *J.-P. Jullien*, à Paris, rue du Rocher, no. 15, et rue Basse-d'Orléans, no. 12 : Porcelaines.

1467 M. *Grégoire*, à Paris, hôtel Vaucanson, no. 47, qui obtint une Médaille d'argent à l'exposition de 1819 : Robes et Etoffes en tissus circulaires; Feuilles d'éventail, etc.

1468 *La Manufacture de glaces de Cirey*, arrondissement de Sarrebourg (Meurthe), entrepôt à Paris, chez MM. *Combes* et *Dumas*, rue des Bourdonnais, no. 12 : Glaces étamées et non étamées.

1469 M. *Bolton*, à Paris, rue de Richelieu, no. 88,

breveté d'importation : Laines peignées et filées propres à la fabrication de la bonneterie.

1470 M. *Houlet*, à Paris, rue Papillon, n°. 9 : Jeux de
dominos et autres Objets en écaille.

1471 *Le même* : Modèle d'une Catapulte mobile.

1472 M. *Godefroy*, aîné, à Paris, rue Montmartre,
n°. 67 : Instrumens à vent.

1473 M. *Banneu*, à Paris, rue l'Evêque, n°. 14 : une
Clarinette à rouleau.

1474 M. *Morize*, à Paris, rue St.-Antoine, n°. 13 :
Coutellerie.

1475 M. *Desvignes*, à Paris, rue de Lancry, n°. 28 :
Cristaux dorés.

1476 M. *Chopin*, à Paris, rue St.-Denis, n°. 157 : Lampes, Lustres, Pendules, Bronzes, etc.

1477 M. *Saint-Paul*, à Paris, petite rue St.-Antoine,
n°. 28, qui obtint une médaille de bronze à
l'exposition de 1819 : Tissus métalliques.

1478 M. *Pfeiffer*, à Paris, rue Montmartre, n°. 18,
qui obtint une médaille d'argent à l'exposition
de 1819 : Pianos.

1479 M. *Duverger*, à Paris, rue Neuve-des-Petits-
Champs, n°. 65 : Lampes, Balustre, Machine
hydraulique.

1480 MM. *Musset* aîné, *Solier* et *Compagnie*, à Paris,
boulevard Montmartre, n°. 10 : Chapeaux
osier, baleine.

1481 M. *Chastagnac*, breveté d'invention, à Paris,
boulevard Montmartre, n°. 16 : Lampes de
différentes espèces.

Numéros.

1482 MM. *Lami* et *Stacker*, à Rouen (Seine-Inférieure) : une Machine pour élargir les toiles destinées à l'impression.

1483 M. *Sière* (*Jean-Antoine*)   (Tarn) : Draperie commune, Flanelles.

1484 M. *Joseph-François Gensoul*, à Lyon (Rhône) : Machines hydrauliques.

1485 M. *Paul Schuiller*, à Bourges (Cher) : un Secrétaire et une Commode.

1486 MM. *Garrigou, Sans* et *Compagnie*, à Toulouse, (Haute-Garonne), qui obtinrent une médaille d'or à l'exposition de 1819 : Limes, Faulx et Aciers.

1487 MM. *Fouque* et *Arnoux*, à Toulouse (Haute-Garonne) : Objets en faïence.

1488 MM. *Boussilhe, Sabatier* et *Bonneau*, à Toulouse (Haute - Garonne) : Echantillons de maroquins.

1489 M. *Jacquemart*, rue de la Paix, n°. 1, à Paris, qui, sous la raison *Jacquemart* frères, obtint une médaille d'argent en 1819 : Papiers peints.

1490 M. *Gaillard* aîné, à Paris, rue Saint-Denis, n°. 228 : Cadre contenant 42 échantillons de Toiles métalliques.

1491 M. *Guichardière*, membre du Conseil général des manufactures, qui obtint une mention honorable en 1819, à Paris, rue Porte-Saint-Jacques, n°. 178 : Chapeaux feutrés.

1492 M. *Bazin*, à Paris, rue Saint-Denis, n°. 268 : divers objets de Parfumerie.

1493 M. *Droz* (*J. P.*), à Paris, rue Hautefeuille, n°. 22 : Machines monétaires.

1494 M. *Robin*, à Paris, rue de Richelieu, n°. 45, qui obtint avec son frère une médaille de bronze à l'exposition de 1806 : Horlogerie.

1495 M. *Lessard* (*Pierre*), à Paris, rue Saint-Denis, n°. 302, cul-de-sac Bas-Fours : Lampes, Quinquets, Candelabres, Cabarets en tôle vernie, et Chemises de lustre en toile écrue.

1496 M. *Picquet* (*Pierre*), à Paris, rue St.-Jacques, n°. 59 : neuf cadres contenant des pièces d'Écriture gravée.

1497 M. *Trouverez*, à Paris, rue du Bouloy, n°. 19 : une Pendule à trois cadrans.

1498 M. *Garnier*, breveté d'invention, qui obtint une mention honorable en 1819, à Paris, rue des Fossés Saint-Germain, n°. 43 : divers Appareils pour l'éclairage par le gaz, et Lampes à huile de diverses formes.

1499 Madame veuve *Darche* née *Pannier*, à Paris, rue du Bac, n°. 13, au coin de celle Bourbon, dont le mari fut mentionné honorablement à l'exposition de 1819 : Bonneterie.

1500 M. *Barthélemy*, à Paris, Palais-Royal, n°. 111 : Joaillerie, Bijouterie, Ouvrages montés.

1501 *Maison de détention de Montpellier* (Hérault) : Echantillons de toiles, Percales et autres objets.

1502 M. *Captier*, à Lodève (Hérault), qui obtint une médaille d'argent à l'exposition de 1819 : Draperie commune.

Numéros.

1503 MM. *Farel et fils*, à Montpellier (Hérault), qui furent mentionnés honorablement à l'exposition de 1819 : Echantillons de coton.

1504 M. *Lauret*, à Ganges (Hérault) : Bonneterie de soie.

1505 MM. *Balasse (Jean) et fils*, à Lodève (Hérault) : Draperie.

1506 M. *Bertrand*, à Lodève (Hérault) : Draperie.

1507 M. *Lentherie, Latour et compagnie*, à Lodève (Hérault) : Draperie.

1508 M. *Delpon et Bruguière - Fontenille*, à Lodève (Hérault) : Draperie commune.

1509 M. *Aninot (Joseph)*, (Hérault) : Peaux.

1510 M. *Mathieu Souillé* aîné, (Hérault) : Peau tannée à l'écorce de chêne vert.

1511 MM. *Farel et fils*, à Montpellier (Hérault) : Etoffe tissu coton.

1512 M. *David Verdier*, à Montpellier (Hérault) : qui obtint une médaille de bronze à l'exposition de 1819 : Tissus divers ; Mouchoirs, Foulards et autres.

1513 M. *Granier* fils, (Hérault) : Couverture en laine.

1514 M. *Voland (Jean-Antoine)*, à Paris, rue Sainte-Avoye, n°. 57 : deux poëles économiques.

1515 M. *Eland*, à Paris, rue du faubourg du Temple, n°. 77 : deux médaillons d'Etoffe de crin.

1516 MM. *Raingo* frères, à Paris, rue Saint-Sébastien, n°. 46 : Pendules à sphère mouvante, avec musique.

1517 *Maison de correction départementale de l'Aisne,*
MM. Didier, Petit et compagnie, entrepre-
neurs : échantillons de Flanelles, coupon de
Casimir, Cuir laine.

1518 MM. *Jecker* frères, à Paris, rue de Boudi, n°.
32, qui obtinrent une médaille d'argent à
l'exposition de 1819 :
Cercle de réflection sextant, octant et Baromètre de marine ;
Théodolite à l'usage de l'astronomie et de
la géodésie ;
Niveau à lunette ;
Modèle de longue-vue pour les lignes télé-
graphiques, et autres à l'usage de la marine et
de la guerre;
Microscope à réflection.
Article d'optique.

1519 M. *Mosselman*, à Paris, rue de la Chaussée-
d'Antin, n°. 7 : Ouvrages en zinc.

1520 M. *Waldeck (A.)*, à Paris, rue Michel-le-Comte,
n°. 29 : Corbeille, Vases, Cabarets et Porte-
Liqueurs en cristal.

1521 *Mines exploitées par la Société Aimé Laurence
et Compagnie,* de Poitiers, dont le dépôt est
à Paris, chez MM. Valois jeune et L. Lebeuf,
rue du Mail, n°. 29 :
Minerai du Grand-Neuville, Sulfate de zinc
ou blande ;
Minerai de la Grange-Chambourg, Sulfures
de zinc et de plomb ;
Minerai des Chéronies, Galène à grandes facettes ;
Minerai de Melle, Sulfure de plomb à grandes
facettes.

Numéros.

1522 M. *Lemmé (Charles)*, à Paris, rue d'Orléans, n°. 7 : deux Pianos.

1523 M. *Benoist*, à St.-Denis (Seine) : Bocal de Farine de gruau sassé.

1524 M. *Poussinet*, à Paris, rue des Ménestriers, n°. 20 : Lampe mécanique avec Pendule à musique ; deux Boules en verre, etc.

1525 M. *Léorier de Tonnerre*, breveté d'invention, à Paris, rue Guénégaud, n°. 7 : Modèles d'une Machine hidraulique et d'une Roue oblique.

1526 M. *Lepaute* fils, à Paris, rue St.-Thomas-du-Louvre, n°. 42, qui a obtenu une médaille d'argent à l'exposition de 1819 : Horloge et Pendules.

1527 M. *Leignadier*, à Paris, rue des Moineaux : Lits en tubes de fer, qu'on peut renfermer dans un porte-manteau.

1528 M. *Deharme*, à Paris, rue de la Fidélité, n°. 5, qui a obtenu une médaille d'or à l'exposition de l'an VI, pour des tôles vernies, et une mention honorable à celle de 1819, pour la Quincaillerie : Assortiment de Quincaillerie.

1529 M. *Pape*, à Paris, cour des Fontaines, n°. 1 : trois Pianos.

1530 M. *François Vallat*   (Hérault) : une Pièce de Draps bleu teint en laine.

1531 M. *Agneray (Jacques-Marie)*, à Rouen (Seine-Inférieure :)
Un nouveau Batteur-Eplucheur double, à trois volans ;
Un nouveau Laminoir de sept passages à quatre cannelés.

Faute de place au Louvre, il expose de plus au
Conservatoire royal des arts et métiers :
Un Métier de 216 broches, double commande
au milieu, avec son *va et vient*;
Une Carde marchant par engrenage, Cylindre
en mastic.

1532 M. *Achille*, boulevard St.-Martin, no. 8, à Paris :
Fleurs en baleine.

1533 M. *Maupetit* et *Compagnie*, à Paris, ci-devant
rue Bourbon–Villeneuve, no. 34, et présente-
ment rue Neuve-d'Orléans, no. 18 : Schalls de
cachemire, Gazes, etc.

1534 M. *Cardeilhac*, rue du Roule, no. 4, à Paris :
Coutellerie.

1535 M. *Cauchoix*, à Paris, quai Voltaire, no. 27, qui
obtint une médaille d'argent à l'exposition de
1819 : grandes Lunettes et autres, un Microscope composé, un Baromètre-Répétiteur, une
Balance d'essai dans sa cage.

1536 M. *Bellamy* aîné, à Caen (Calvados) : Bonneterie.

1537 MM. *Rogue* et *Roger*, à Vire (Calvados), qui
obtinrent une médaille de bronze à l'exposition de 1819 : Draperie.

1538 M. *Scribe* et *Compagnie*, à Petiville (Calvados) :
Fromages de Varaville.

1539 M. *Maury*, à Paris, rue de Richelieu, no. 46 :
Dents artificielles, Instrumens de dentiste et
autres Objets.

1540 M. *Lelong*, à Paris, rue Montorgueil, no. 71 :
Chaînes en bronze dorées et non dorées.

Numéros.

1541 M. *Cordier* (*Victor*), à Paris:
un Tableau contenant divers Objets de Coif-
fure.

1542 M. *Lefroy*, conservateur du Cabinet de l'école
royale des Mines: Echantillons de Sel-Gemme
de différente nature, et autres Objets.

1543 M. *Thomire*, à Paris, Boulevard Poissonnière,
n°. 2, qui obtint une médaille d'or en 1819:
un Surtout de table en bronze, appartenant
au Roi.

1544 M. *Pelletier* (*Henry*),   (Aisne):
Linge de table damassé.

1545 M. *de Bettignies*, à St.-Amand-les-Eaux (Nord):
Porcelaines.

1546 M. *Brelet*, à Paris, rue St.-Germain-l'Auxerrois,
n°. 57 : une Clarinette dite à la Müller.

1547 M. *Dietz* (*J.-C.*), breveté d'invention, à Paris,
rue Coquenard, n°. 60 : une Roue à vapeur.

1548 M. *Paroy* (le marquis de), à Paris, rue Mâcon, n°. 10, breveté d'invention : Planches et
Gravures.

1549 M. *Brimmeyer*, à Paris, passage Cendrier, n°.
1, près la rue Basse-du-Rempart : quatre
Harpes.

1550 M. *Barde* (le vicomte de), rue de Chartres,
n°. 4, à Paris : un Moulin à broyer les pommes.

1551 M. *Rousseau* jeune, à Paris, rue St.-Honoré,
n°. 372 : Echantillons de papiers marbrés et
agatisés, Ecaille, etc.

1552 MM. *Panassié* et *Garcenac*, à Rodez (Aveyron):
Couvertures de laine et Cadis.

1553 MM. *Muret* et *Couret*, à Saint-Geniez (Aveyron): Draps communs.

1554 MM. *Tadenat* et *Muret*, à St.-Geniez (Aveyron):
Flanelle et Cadis.

1555 MM. *Palangié, Muret* et *Couret*, à St.-Geniez,
(Aveyron) : Tricots.

1556 M. *Massabuau* jeune, à Saint-Geniez (Aveyron):
Escots-tramiers.

1557 M. *Solanet*, à Saint-Geniez (Aveyron), qui a
obtenu une citation à l'exposition de 1819 :
Fil de laine au rouet pour chaîne.

1558 M. *Mignonac*, à Saint-Geniez (Aveyron) : un
Chapeau feutré.

1559 M. *Second*, à St.-Geniez (Aveyron) : un Chapeau feutré.

1560 M. *Arragon*, à St.-Geniez (Aveyron) : un Chapeau feutré.

1561 M. *Majorel*(*Antoine*), à Saint-Geniez (Aveyron) : Peau de basane.

1562 M. *Renaud*, à Paris, rue Neuve-des-Petits-
Champs, n°. 27 et 29 : Lampes et Vases.

1563 M. *Gardes*, à Saint-Geniez (Aveyron) : Cuir de
vache noisetté.

1564 *Alaux* fils, à Saint-Geniez (Aveyron) : Peau
apprêtée.

1565 M. *Vergès*, à Saint-Geniez (Aveyron) : Peau de
vache lissée.

1566 M. *Mazarin*, à Saint-Affrique (Aveyron): Tricot, Drap croisé, Cadis frisé, et Drap blanc
piqué de bleu pour manteau de cavalerie.

Numéros.

1567 M. *Pradier*, à Paris, rue Bourg-l'Abbé, no. 22, qui fut mentionné honorablement à l'exposition de 1819 : Nécessaires en nacre de perle, Coutellerie, Cuirs à rasoir, et autres objets.

1568 M. *Cartier*, à Paris, rue du Faubourg-St.-Denis, no. 21 : une Carde à matelas montée sur deux roues.

1569 M. *Berthoud* frères, rue Richelieu, no. 103, à Paris : Montres-marines.

1570 M. *Moulfarine*, à Paris, rue Cloche-Perche, no. 15 : un Modèle de cuisine.

1571 M. *Callet* fils, à Choisy-le-Roi (Seine) : Savon, Soude, Acide muriatique.

1572 M. *Moulfarine*, à Paris, rue Cloche-Perche, no. 15 : une Chaudière.

1573 MM. *Fobry* et *Utzschneider*, à Sarreguemines (Moselle), qui ont obtenu la médaille d'or à l'exposition de l'an IX, et dont le dépôt est à Paris, chez M. Delafontaine, rue d'Orléans-St.-Honoré, no. 13 : Candelabres-porphyres, Vases de diverses formes, Objets divers, Candelabres et Vases garnis en bronze ciselé et doré au mat et bronze vert.

1574 M. *Lépine*, à Paris, place des Victoires, no. 2 : Pendules à jour, à demi secondes, à équation, et à différentes combinaisons.

1575 *Sirhenry* (*Charles-Louis*), à Paris, place de l'Ecole-de-Médecine, no. 6, qui fut mentionné honorablement à l'exposition de 1819 : Articles de coutellerie, et Instrumens de chirurgie.

1576 M. *Moisy* (*E.*), à Paris, rue de Bondy, n°. 18 : divers Plans en relief.

1577 M. *Cazeneuve*, à Paris, rue des Gravilliers, n°. 36 : Chapeaux imperméables.

1578 M. *D'Avennes*, à Paris, quai de Passy, n°. 18 : Modèles de voitures.

1579 M. *Lerebours*, à Paris, place du Pont-Neuf, qui obtint une médaille d'or à l'exposition de 1819 : Instrumens d'optique à l'usage de la marine, et autres.

1580 M. *Laloge*, chemin-de-ronde de la barrière de Belleville, et son dépôt à Paris, rue Aumaire, n°. 137 : Peaux de diverses espèces.

1581 M. *Choiselat*, gendre et successeur de M. Gallien, à Paris, rue de Richelieu, n°. 21 : Six Candelabres d'autel de cinq pieds de haut, forme antique, en bronze doré en or moulu ;
Une Croix en bronze, dorée en or moulu.
Une Lampe en bronze, dorée en or moulu.
Quatre Chandeliers dorés en or mat.

1582 M. *Dandré*, à Paris, rue Bertin-Poirée, n°. 13 : Mousselines brodées et Linge de table.

1583 M. *Desnières*, qui obtint, avec M. Matelin, une médaille d'argent à l'exposition de 1819, à Paris, rue d'Orléans, n°. 9, et son magasin, rue Vivienne, n° 15 :
Deux riches Tables, goût du siècle de Louis XIV, en bronze doré, pour M. le duc d'Hamilton.
Six Lustres et Lampes (trois pour Mgr. le duc d'Orléans);
Pendules et Candelabres de diverses formes ;
Un Surtout de table et Garnitures ;

Pièces en cristal garnies de bronze, pour Mgr. le duc d'Orléans.

1584 M.   , à Paris, rue Saintonge, no. 44 : Bonbonnières, Flacons, Etuis et autres Objets.

1585 M. *Sauvage*, à Paris, rue Riche, no. 4 : Bec à gaz à trois flammes concentriques.

1586 M. *Mercier* (le baron de), à Alençon (Orne), qui obtint une médaille d'argent à l'exposition de 1806 : partie d'Echarpe en dentelle.

1587 M. *Provent*, à Paris, rue Salle-au-Comte, nos. 4 et 6 : deux Gardes d'Epée, Lorgnons, Croix, Médaillons, Clefs et autres Objets.

1588 M.   , à Paris, Mèches à centre, Outils de cartonniers, etc.

1589 M.   , à Paris, un Billard circulaire, deux Damiers.

1590 M. *Rey*, à Paris, rue de l'Arbre-Sec, no. 46 : Echantillons de Toiles imprimées, Bitume, Mastic et Couleurs bitumés, etc.

1591 M. *Soupelet* (*Charles-François*),   (Aube): une Serrure à quatre clés, Machines et Mécaniques.

1592 M. *Allard et compagnie*, à Paris, rue St.-Denis, no. 368, qui obtinrent une médaille d'or à l'exposition de 1819 : Moirés en feuilles de différentes espèces, Lampes, Garde-vues et autres Objets.

1593 M. *Léger*, à Paris, place de l'Estrapade, no. 28, qui obtint une médaille de bronze à l'exposition de 1819 : Caractères d'écriture et autres.

1594 MM. *Lemoine Desmares* et fils, à Sédan (Ardennes) : Draperie, Echantillons de laine Mérinos, et autres.

1595 M. *Hindenlang* fils aîné, à Paris, rue des Vinaigriers, n°. 15, qui obtint une médaille d'argent à l'exposition de 1819 : Fil de laine de cachemire, Tissus de laine de cachemire ; plus, d'autres provenant des chèvres thibetaines de la bergerie royale de Perpignan.

1596 MM. *Dollfus (Gaspard), Huguenin et compagnie*, à Mulhausen (Haut-Rhin) : Impressions sur étoffes.

1597 M. *Odiot*, à Paris, rue de l'Evêque, n°. 1, qui obtint une médaille d'or à l'exposition de l'an X : Pièces d'orfévrerie, et Modèle en bronze.

1598 M. *Perrelet*, à Paris, rue du Bac, n°. 40 : Horloge astronomique.

1599 M. *Legros-d'Anisy*, à Paris, rue Tiquetonne, n°. 14, qui obtint une médaille d'argent à l'exposition de 1819 : Faïence et Porcelaine dorées.

1600 M. *Cahier*, orfèvre du Roi, quai des Orfèvres, n°. 58, à Paris, qui obtint une médaille d'or à l'exposition de 1819 : le Reliquaire de la Sainte-Ampoule, et diverses autres Pièces d'orfévrerie.

1601 M. *Laurens* jeune, à Toulouse (Haute-Garonne) : Etoffes de soie pour tamis à farine et pharmacie.

1602 *Le Même* : Cocons, Organsin et Trame.

1603 M. *Gleize-Raffin*, à Toulouse (Haute-Garonne) : Farine de minot.

Numéros.

1604 M. *Jacques Oury*, à Toulouse (Haute-Garonne):
Echantillons de maroquins.

1605 M. *L. Dechamps*, à Toulouse (Haute-Garonne):
Chapeaux.

1606 M. *Desclaux* jeune, à Toulouse (Haute-Garonne) : Echantillons de maroquins.

1607 M. *Adone*, à Saint-Gaudens (Haute-Garonne):
Potasse.

1608 MM. *Lignières* fils aîné *et Compagnie*, à Toulouse (Haute-Garonne) : Farine de minot.

1609 *Les Mêmes* : Cuirs tannés.

1610 M. *Benoît Gisot* père, à Toulouse (Haute-Garonne) : Chapellerie.

1611 M. *Bernardy*, à Toulouse (Haute-Garonne):
Bougies.

1612 MM. *Plohais* et *Geze*, à Toulouse (Haute-Garonne) : Cotons filés.

1613 M. *Casimir-Destrem*, à Toulouse (Haute-Garonne) : Papiers peints.

1614 M. *J. Sahyerle*, à Toulouse (Haute-Garonne):
Marbre des Pyrénées.

1615 M. *Honoré*, breveté d'invention, membre du
conseil général des manufactures, fabricant
de porcelaine, à Paris, Faubourg Poissonnière : Porcelaines.

1616 M. *Galle*, à Paris, rue Colbert, no. 1, qui obtint une médaille d'argent à l'exposition de
1819 : Bronzes.

1617 M. *Fauconnier*, orfèvre, rue du Bac, no. 38 :

trois Vases et une Aiguière qui a servi au Baptême du Duc de Bordeaux.

1618 M. *Trioque* , à Toulouse (Haute - Garonne) : Cartons.

1619 M. *Janvier*, horloger ordinaire du Roi, au Palais de l'Institut, pavillon de l'Ouest, qui obtint une médaille d'or à l'exposition de l'an X : Plusieurs Horloges astronomiques.

1620 M. *Bréant* , vérificateur-général des Essais à la Monnaie :
    Arme blanche en acier fondu damassé ;
    Un Echantillon de Platine épuré ;
    Un Echantillon de Palladium ;
    Plusieurs Echantillons d'Acier fondu ;
    Machine à diviser les substances de pesanteurs spécifiques différentes.

1621 M. *Prélat*, à Paris, rue de la Paix , n°. 26 : breveté d'invention, armurier de S. A. R. Monsieur, qui obtint une mention honorable à l'exposition de 1819 : Armes à feu.

1622 M. *Houel* , directeur du dépôt de Cristaux de la rue de Bondi, n°. 10, à Paris : Cristaux.

1623 M. *Quentin-Durand* , à Paris, rue de Bussy, n°. 19 : huit Bustes-portraits , dont un en terre noire.

1624 M. *Castaltat* , négociant à Bagnères, demeurant à Paris, rue Saint-Jean-de-Beauvais , n°. : vingt-cinq Echantillons de Marbres des Hautes-Pyrénées.

1625 M. *Debauve* , fabricant de chocolats du Roi , à Paris , rue des Saints-Pères , n°. 26 : Chocolats et Bonbons divers.

1626 M. *Pichereau*, à Paris, rue J.-J. Rousseau, n°. 5 : Armes à feu.

1627 Madame *Félix*, à Paris, rue Popincourt, n°. 24 : Tricots enrichis d'argent et de perles.

1628 MM. *Bayle et Compagnie*, à Paris, place des Victoires, n°. 1 : Schalls et Bordures-cachemires.

1629 Madame *Blesson*, à Paris, ruè des Vieux-Augustins, n°. 63 : Tableau sur porcelaine.

1630 M. *Deleuil*, breveté d'invention, à Paris, rue Mazarine, n°. 21 : Balance d'essai pour les analyses chimiques ; Instrument destiné à remplacer les sang-sues.

1631 M. *Ducommun*, à Paris, rue de Vantadour, n°. 1 : Filtre-charbon.

1632 M. *Dobo*, à Paris, rue Saint-Laurent, n°. 1, qui fut mentionné honorablement à l'exposition de 1819 : Mécaniques, Encliquetages.

1633 MM. *Aucoc* et *Gavel*, à Paris, rue St.-Honoré, n°. 154, successeur du sieur Maire, qui a obtenu une médaille d'argent à l'exposition de 1819 : Nécessaires très soignés, Nécessaires forme pupître, avec ferrures et incrustations en argent; Boîtes à ouvrage.

1634 M. *Bouché*, à Paris, rue du Chemin-Vert, n°. 2 *bis* : Cotons filés.

1635 M. *Truffaud*, à Pontoise (Seine-et-Oise) : Echantillons de mouture.

1635 M. *Léger-Didot*, breveté d'invention, à Paris, rue Ste.-Anne, n°. 31 : Modèles d'assortiment complet de machines à fabriquer le papier.

1637 Madame veuve *Didot*, à Paris, rue de Vaugirard, n°. 21 : Fleurs artificielles en cire.

Numéros.

1638 M. *Capron*, breveté d'invention, à Paris, Hôtel-de-Ville, et M. Lévesque, serrurier-mécanicien : Pompe dite Norpac, élevant les eaux à une plus grande hauteur que les pompes connues.

1639 *bis*. MM. *Chagot* frères, à Paris, Boulevard-Poissonnière, n°. 11, propriétaires de la manufacture des Cristaux du Mont-Cenis, qui ont obtenu une médaille d'or à l'exposition de 1819 :

Un Surtout en cristal, orné de bronzes ;
Deux Candelabres ornés de bronzes ;
Un Service de table.

(Tous ces Cristaux sont taillés d'après **un** procédé pour lequel ces Messieurs ont obtenu un brevet d'importation).

1640 *bis*. M. *Daret*, rue de Babylone, n°. 23 *ter*, à Paris : Machine à vapeur.

1644 M. *Wagner*, mécanicien-horloger, rue du Cadran, n°. 39, qui a obtenu une médaille d'argent en 1819 : un Phare lenticulaire, système de M. Fresnel ; une lampe à mêches concentriques de MM. Arago et Fresnel ; Mécanisme de Wagner ; Lentilles exécutées par Soleil ; Machine de rotation de Wagner.

Horloges publiques.

Une Horloge de village en fer fondu ;
Une Horloge de château ;
Une Horloge de fabrique ;
L'appareil des Phares appartient au Gouvernement.

1648. MM. *Chaptal d'Arut et Holker*, à la manufacture de Thernes-lès-Paris : Alun épuré, Alun
en roche, Sel de soude, et autres produits chimiques.

ÉTABLISSEMENTS INDUSTRIELS APPARTE-NANS A LA COURONNE.

La Manufacture Royale des Tapisseries des Gobelins :
(M. le baron Desrotours, Administrateur.)

Le Portrait du Roi, celui de la Reine Marie-Antoi-nette entourée de ses enfants; Portrait en pied de S. A. R. MONSIEUR, la Mort de Saint-Louis, la Mort de Léonard de Vinci; Saint-Bruno dans son oratoire, le même recevant un message; Bannière représentant la Vierge et l'Enfant-Jésus; deux Tapis de mosquée.

La Manufacture Royale de Porcelaine de Sèvres :
(M. Brongniart, Administrateur.)

Buste du Roi, de forte nature, en porcelaine blan-che; Jardinière de grande dimension, avec bronzes dorés exécutés à la Manufacture par M. *Bocques*; Pla-que blanche propre à recevoir des peintures; Table de grand salon.

La Manufacture Royale de Tapisseries de Beauvais :
(M. Guillaumot, Administrateur.)

Tapisseries de différentes dimensions et de dessins divers, représentant le Commerce, les Sciences, un Ta-bleau de fruits, un autre d'animaux, Banquettes, Ta-bourets, etc.

La Manufacture Royale de la Savonnerie, quai de Billy, n°. 30, à Paris (M. Duvivier, Administrateur) :

Tapis de pied et pour meubles.

La Manufacture Royale de Mosaïques, aux ci-devant Cordeliers, à Paris (M. Belloni, Chef):

Une Cheminée, une Commode, deux petites Tables ou Guéridons.

Nota. A toutes les Expositions des Produits de l'Industrie, il a été reconnu que ceux des Manufactures Royales soutenaient la réputation de ces Établissemens.

ÉCOLES ROYALES D'ARTS ET MÉTIERS.

L'Ecole d'Arts et Métiers d'Angers, qui fut mentionnée honorablement à l'Exposition de 1819 (M. Billet, Directeur):

Un Secrétaire, une Commode, un Lit à Flasque et une Table de nuit, le tout en bois de Frêne; une Machine pneumatique servant aussi de Machine de Compression; un Tour à Ovale; un Odomètre; des Etaux, Serrures de sûreté et autres; Bigornes, Dolloires, Cisailles, Pelotteuses, etc.

L'Ecole d'Arts et Métiers de Châlons, qui obtint une Médaille d'or à l'Exposition de 1819 (M. Labate, Directeur):

Bureau destiné à la Chambre des Pairs et composé de trois Pièces; un Lit, un Secrétaire, une commode, une Console, un Somno, une Jardinière, le tout en Acajou et en Bronze doré; deux Tamtams, une Enclume, deux Etaux, des Filières; diverses Pièces de Fonte de Fer, et divers Objets d'Horlogerie.

INDICATION

Des Salles, Galeries et autres parties du Louvre où les Produits de l'Industrie sont exposés et distribués suivant leur nature, leurs genres et leurs espèces.

———

Dans la Cour.

MM.	Nos. du Cat.	MM.	Nos. du Cat.
Petit.	531	Caron.	1638
Darn.	*Bis* 1640		

Salle n°. 1, côté de l'Est, au rez-de-chaussée.

MÉTAUX.

Fer, Fonte, Acier, Cuivre, Zinc, Plomb, Outils divers, etc.

Abat, Sans et Morlière.	52	Chervet-Vacher.	33
Arnheiter et Petit.	235	Coste (Joachim).	56
Aubert et Somborn.	718	Courot-Bigé.	22b
Audenbron (Henry).	25	Daillet-Bounet.	66
Barlan.	179	Dauzac.	68
Beaunier.	482	Debladis, Auria, Combe, etc.	227
Beaunier, de Brou et Compagnie.	739	Deharme.	1528
Berthier.	224	Delaforge.	955
Bizet.	940	Delage fils.	621
Blum.	865	Delaporte frères.	166
Boilevin frères (Marie).	62	Deninal et Miuiscloux.	686
Bost-Membrun.	28	Dequenne.	221
Roswag fils.	1427	Dessoye.	564
Bovel (Etienne).	20	Didier.	132
Bradefer	614	Donnet Demont.	140
Buisson-Martignat.	35	Dumas.	32
Buyer.	864	Dumas père et fils.	1204
Castaltat.	1624	Dusaillant (Comte de).	24
Charbou-double (Dépôt général du).	172	Ehrenberg.	884
		Falaticu.	76
		Idem.	863

MM.	Nos. du Cat.	MM.	Nos. du Cat.
Foulaine.	504	Mouchel fils.	574
Idem.	473	Moulfarine.	1570
Fouque.	655	Parant (Alexandre).	1012
Fouquier fils.	693	Pécard-Taschereau.	515
Fourmand (Bertrand).	744	Perrenet et Mouget	782
Gaillard aîné.	1490	Pespet (Jean-Baptiste).	737
Gailon Triouiller.	36	Peugeot, frères aînés, et J. M. Salin.	764
Gardon.	834	Pupil.	890
Garrigou, Sans et Compagnie.	1486	Quiry.	814
Gobin (L.-J.).	1288	Rabier,	426
Harmey.	290	Ranson fils (Robert).	700
Hildebrand.	267	Ray.	1025
Hue.	468	Rémond.	588
Idem.	469	Renard.	238
Humelin de Bavilliers.	223	Risler frères et Dixon.	193
Jacquetou frères.	29	Rivals.	1432
Jappy frères.	710	Robert.	715
Jaunez et Compagnie.	1165	Rochet, Sirodot et compagnie.	603
Joly (De).	550	Ruflié.	54
Kres.	580	Sagnard, Meneu et Compagnie.	740
Labiois.	889	Saillard (M. le Baron).	150
Lafond-Villiers.	1344	Saint-Bris.	514
Lambert.	635	St.-Étienne (la Compagnie des mines).	1174
Lamotte (Jean-Baptiste).	741	St.-Joanny frères.	27
Layerle-Capel.	1614	Saint-Paul.	1477
Leclerc (François).	1461	Schmidt.	273
Leclercq (Pierre-Louis).	692	Scrive frères.	696
Léger et Emon.	1063	Serres.	22
Lenoble.	1041	Sevin de Beauregard et Vanhoutem.	466
L'Heullier.	353	Talabot et compagnie.	1191
Liebermann.	967	Thirion et Jacquel.	63
Loiseau.	316	Thué et Mater.	321
Louvois (le marquis de).	336	Tixier fils.	31
Mainot.	1443	Tridon.	146
Maquennehem.	492	Vandel et compagnie	142
Marquet.	26	Vasse.	861
Masson et Grillon.	595	Villette frères.	444
Matignon.	1246	Waddington.	724
Maubon.	815	Wendel (de).	558
Maugez-l'Église.	34	Werner.	1031
Michaux Labonté.	957	Wils-Steffan, Oswald frères et compagnie.	194
Mongin aîné.	1250	Zanole aîné.	594
Monmouceau père et fils.	596		
Montcey (Les forges de).	784		
Morizot.	337		
Mosselman.	1519		

Salles n°ˢ. 2 et 3, côté du Nord.

Objets divers.

MM.	Nᵒˢ. du Cat.	MM.	Nᵒˢ. du Cat.
Allis.	1456	Jacquot.	307
Allombert.	314	Jullien.	554
Argy-Guillet.	432	Laveissière (Alphonse).	1064
Aubert.	116	Leblond.	171
Audibran.	728	Lefèvre.	819
Barbier.	89	Lemare.	657
Battulu.	885	Leroy.	355
Benoît (Madame).	793	Lesouëf de Pétigny.	1274
Beuchot (Mademoiselle).	463	Lioche.	1168
Bonnard.	396	Lorimier.	214
Bonnemain,	1088	Maheut Romain.	1144
Bordot.	1285	Marcais.	428
Brunet.	1076	Maury.	1539
Charrier.	980	Mercier.	323
Claudel.	269	Moulfarine.	1572
Cuid (Chevalier).	215	Moulin.	1224
Cordier (Victor).	1541	*Idem.*	1225
Constantin (Charles).	1340	Morand.	495
Cremière-Jeuffrain,	905	Mourey.	408
Dallemagne , Guibout et Compagnie.	351	Mouton.	1360
Idem.	352	Normandin frères.	1050
Debaule.	407	Paroy (le Marquis de).	1548
Delbeuf.	207	Pontier fils.	638
Deschiros.	822	Quenedey.	199
Desmadrys.	891	Rétif Sigogne.	1232
Desirabode.	1091	Rouen (Jean-Baptiste).	296
Devaux.	1067	Roger.	400
Didier (Mesdemoiselles).	931	Rouyer.	1354
Dubray.	918	Rouyer aîné.	971
Didié.	218	Sassier.	203
Dufort fils.	403	Saulnier.	795
Dupuis.	831	Souchard.	908
Durieux.	272	Tabourot.	1061
Fautrat Chedun.	1233	Tirmarche.	401
Gampé.	734	Touchard.	1161
Haucitz (Arnold).	699	Valérius.	243
Henri.	277	Vallet d'Artois.	1016
Hervel.	431	Vallon.	927
Holzik.	297	Verry.	289
Houdemon-Portebœuf.	1234	Walker (John).	1358
		Wolf.	774

Salle n°. 4, côté du Nord.

Ecoles d'arts et métiers, Etablissemens de Charité, Dépôts de mendicité, Maisons de correction et de détention.

Ecoles d'arts et métiers (*Voir la fin du Catalogue.*)

MM.	Nos. du Cat.	MM.	Nos. du Cat.
Arriége (le dépôt de mendicité de l')	252	de).	9
Avranches (Hospice d')	1413	Montpellier (Maison de détention de).	1501
Beaulieu, département du Calvados (Maison de détention de).	1130	Nîmes (Maison centrale de détention de).	1395
Clausel.	1402	Perpignan (Hospice de la Miséricorde à).	1
Eysses (Maison centrale de détention d').	237	Poitiers (Hôpital général de).	65
Fabrique de charité établie à Vannes, par Madame de Lamoignon.	433	Pontorson (l'Hospice de)	1412
Falaise (Hospice de).	1146	Provins (Hospice de)	259
Gaillou (Maison centrale de détention de).	1265	*Idem.* bis.	259
Gentil.	1384	Raymond.	1400
Langlumé (P.).	405	Rennes (Maison de détention de).	427
Lapie fils.	379	Ruel (Entrepreneur de la Maison de détention de Rennes).	416
Maelzel.	939	*Idem.*	417
Michon.	259	*Idem.*	429
Idem.	572	Tavernier.	1053
Montebourg (Maison de charité)		Tostain.	1131
		Valognes (Hospice de).	1125

Salles n°s. 5 et 6, côté du Nord.

Parfumerie.

MM.	Nos. du Cat.	MM.	Nos. du Cat.
Bazin.	1492	Geslin.	634
Callet fils.	1571	Hamelaerts et Compagnie.	228
Chapuy.	404	Lorimier.	1000
Crozet (Veuve).	556	Mayer.	1068
Delacourt.	849	Naquet.	915
Esnault.	706	Salivet.	533
Fargeon jeune.	977	Soyez.	791
Filhol (Madame veuve).	201		

Salles n°s. 7 et 8, côté du Nord.

PRODUITS ALIMENTAIRES. — Farines, Fécules et Semoules de pommes de terre, Viandes desséchées, Liqueurs, Vinaigres, Sucre de cannes, Sucre de betteraves, Chocolats, Confitures, etc.

MM.	Nos. du Cat.	MM.	Nos. du Cat.
André (Pierre).	60	Gleize-Raffin.	1603
Beaujeu (De).	472	Gouvenain.	605
Benoist.	1523	Leroy.	1030
Berthe.	156	Lignières fils aîné et Compagnie.	1608
Bobée.	765	Masson-André.	bis 60
Brazier.	320	Mazier.	230
Brignon de Montigny.	592	Millot.	1056
Colson (Veuve).	612	Orgiazzi.	589
Crespel-Delisse.	1124	Quinton.	1335
Crusem.	1160	Scribe et Compagnie.	1538
Debauve.	1625	Tréfous.	974
Desmarets.	1133	Troisgros (Nicolas).	604
Dezobry.	1286	Truffaut.	1635
Duvergier.	255		

Salle n°. 9, côté du Nord.

OUVRAGES EN BOIS.

MM.	Nos. du Cat.	MM.	Nos. du Cat.
Armonville.	274	Lefauqueur.	204
Cosseron (Madame).	393	Letort.	929
Delorme.	653	Lhote.	359
Didier.	232	Mauget.	1299
Estivant-Pontianne.	151	Paignon.	411
Ferry-Duclaux.	879	Picquefeu (Jean-Baptiste).	1269
Firmin.	276	Prosper et Compagnie.	991
Fouju.	302	Quemel.	532
Grandjean.	123	Seignoret.	880
Janin, Brunet et Chauveau.	45	Tallard.	bis 324
Laurent.	498		

Salles n°s. 10 et 11, côté du Nord.

Produits chimiques.

Alun, Soude, Savon, Colle-Forte, Minium, Céruse, Cire à cacheter.

MM.	Nos. du Cat.	MM.	Nos. du Cat.
Adone.	1607	Cavaillon.	397
Ardant et Desroches.	1007	Chamberlain.	1149
Augrand.	867	Chapelle.	275
B. Bérard.	606	Chevalier et Payen.	83
Bérard et Delpech.	55	Colcomb (James).	1403
Bernardy.	1611	Collas, dit André.	1279
Boichoz père.	130	Cornouailles.	147
Bonnet frères et Champion.	783	Couturier.	1415
Bourget.	439	Daniel.	883
Brefflort.	1203	Danse.	343
Cartier fils et Grieu.	90	Delamare aîné.	1444

MM.	Nos. du Cat.	MM.	Nos. du Cat.
Delaveau.	1337	Paillard.	211
Desmoulins.	266	Payen et Compagnie.	877
Douhault-Wieland.	1302	Pécard-Taschereau.	515
Dubruel.	87	Pesquet.	898
Faure et Dupré.	698	Piéri-Benard.	124
Fessart.	568	Poëlman (Charles Norbert).	697
Gaillard de St.-Germain.	583	Pouget.	607
Gobin.	1289	Raymond fils.	937
Goubely.	443	Reumont-Wicart et Beels frères.	695
Hamelin.	412	Rivière Lartigue et Lafargue.	1334
Jacob.	881	Roard.	705
Jullien.	553	Roeland (Auguste).	797
Langlois.	1278	Rohard (madame), née de Va-lois.	242
Larenaudière et Noël.	350		
Lebelle (Achille).	1428	Salines de l'Est (la Compagnie des).	58
Lefrançois.	766		
Mine de l'Obsaun (Exploitation de la).	800	Salomon.	878
		Seguin.	934
Mines de Bouxwilliers (la So-ciété des).	799	Seguin frères.	933
		Steverlynck (Florentin).	670
Mollot.	565	Turc-Bertier.	59
Mougniard (madame).	168	Vatar (Joseph).	423
Mouvet et Mathieu.	600	Vincent.	196
Idem.	1117	Vincent et Compagnie.	1197

Salles n°s. 12, 13 et 14, côté du Nord.

Chauffage et éclairage.

Cheminées, Poëles, Fourneaux, Lampes, etc.

MM.	Nos. du Cat.	MM.	Nos. du Cat.
Adam.	399	Gihaut.	164
Audot.	702	Goujon (J.).	169
Barjon.	484	Harel.	455
Blaisot.	1453	Lacoste.	299
Blanchet frères et Kléber.	483	Lefèvre.	236
Bouchet aîné.	38	Lessard (Pierre).	1495
Bougon.	1251	Lorimier (le chevalier).	999
Bréon.	178	Massard.	1323
Brissiel.	711	Michel (G.-M.-F.).	82
Bunten.	976	Milan aîné.	913
Chapuis.	128	Montgolfier.	436
Chastagnac.	1481	Osterwald aîné.	380
Dallus (J.-M.-P.).	1218	Roger.	219
Desgranges.	77	Saint-Etienne (la Compagnie des Mines de).	1174
Dumas.	32		
Duverger.	1479	Schwickardi.	1310
Engelmann (G.).	848	Serve fils.	39
Fay jeune.	1162	Susse (Madame veuve).	989
Garnier.	1498	Tardat fils.	622
Gentil.	485	Thuio.	1060

Salles, n.ºs 15 et 16, côté du Nord.

Papeterie, Cartons, Lithographie.

MM.	Nos. du Cat.	MM.	Nos. du Cat.
Astruc.	282	Latune et compagnie.	392
Brun frères.	19	Laurent (Henry).	1228
Courlevat.	453	Lefebvre.	819
Crapelet.	949	Levrault (François-George).	1242
Dècle.	1037	Molé jeune.	810
Didot (Firmin), père et fils.	1331	Morin de Guerivière.	601
Dufour.	1245	Motte.	529
Garnier.	349	Francisque Noël et compagnie.	381
Grasse.	1120	Pierron.	1081
E. J. L. Guyot.	658	M. J. Pinard.	963
Herbin et Mareschal.	1249	Poinsignon.	160
Janet (Louis).	1405	Rousseau jeune.	1551
Janet et Cotelle.	1287	Simier, père et fils.	998
H. Lacourade et Georgeon,	617	Thibault.	869
Lacroix jeune.	620	Madame Thomas.	1198
Lalondre.	1193	Thompson.	1253
Lamy.	1255	Thouvenin.	1153
Laroche puîné.	623	Vogel.	943

Salle n°. 17, côté du Nord.

Cuirs et Peaux.

Tannage, Corroyage, Chamoiserie, Mégisserie et Ganterie, Parcheminerie, Maroquins, Cuirs vernis, Cordonnerie.

MM.	Nos. du Cat.	MM.	Nos. du Cat.
Alaux fils.	1564	Larguèze cadet.	609
Baumier (Louis).	1387	Lauzin.	409
Besses.	723	Leglâte.	758
Boichoz père.	130	Legrand (Etienne).	15
Bouchon (F.) aîné.	539	Lesguillon.	1116
Boussilhe, Sabathier et Toui-		Lignères fils aîné et Compagnie.	1569
neau.	1488	Lucet (E.).	561
Bréhier (Gabriel).	422	Noirot et Ferret.	542
Brun frères.	19	Paillart-Vaillant.	344
Callandre frères.	18	Peltereau frères.	513
Christin l'aîné, père et fils.	540	Prailly (Antoine-Aimable).	261
Didier.	1083	Quennehein.	286
Dufort fils.	403	Salleron.	85
Falhou.	1001	Schmuck (B.).	846
Friedel, Embser et Georges.	801	Simoneau (Madame).	84
Godin-Rigault.	86	Soucin et Lavocat.	1021
Gosse et Durand.	1393	Souillé (Mathieu).	1510
Guerre.	561	Susbielle.	543
Guerineau.	69	Texier (D.).	544
Lallemand.	1300	Valin (Madame) et M. Piédor.	903
Laloge.	956	Vergès.	1565
Idem.	1580		

Salles n°s. 18, côté du Nord, et 19, côté de l'Ouest.

Instrumens de musique.

MM.	Nos. du Cat.	MM.	Nos. du Cat.
Banneu.	1473	Laurent père et fils (J. C.).	1431
Bourgeois (veuve).	582	Lefèvre.	1298
Brelet.	1546	Lefort.	406
Brimmeyer.	1549	Legros de la Neuville (Nicolas).	1034
Campion.	144	Lemmé.	1522
Challiot.	1227	Lété (N. A.).	1033
Clément.	244	Moraud (Laurent).	495
Delaborne.	1044	Naderman.	1350
Idem.	1046	Parcheminey.	125
Diet-Philippeaux.	506	Pascal.	328
Givelet.	768	Pfeiffer.	1478
Grellet père et fils.	654	Poissy (Maison centrale de).	573
Grus.	990	Rousset.	656
Halary-Asté.	1180	Savarèse.	222
Hecquel-d'Orval.	494	Savarèse.	960
Heudebert.	992	Schmittschneider (André-Antoine).	1195
Houlet.	1470	Simiot.	438
Koska.	925	Vayson et Compagnie.	1079
Labbaye.	1345	Véron.	947
Laprevotte.	122		
Lassaut.	948		

Salle n°. 20, côté du Nord.

Instrumens de Physique, d'Optique, etc.

MM.	Nos. du Cat.	MM.	Nos. du Cat.
Bastien.	973	Jacquemart.	1489
Brard.	175	Jecker frères.	1518
Bunten.	976	Jullien (Antoine-André).	555
Chamant.	294	Lemoine.	1205
Champion.	679	Murelatour.	1040
Chervet-Vacher.	33	Noriet.	520
Chevalier aîné (Vincent).	922	Obrion.	1291
Chevalier (L'ingénieur).	1069	Picard.	551
Deleuil.	1630	Schmitz (François), jeune.	457
Domet.	1214	Talleudeau et Doze.	435
Félix.	216	Thomas.	1348
Gouault de Mouchaux.	173		

Salle n°. 21, côté de l'Ouest.

Décors d'Architecture, et autres Objets d'ornement.

MM.	Nos. du Cat.	MM.	Nos. du Cat.
Allizeau.	1126	Quentin-Durand.	1623
Aucoc et Gavet.	1633	Sabrau, père et fils, Cunier et Compagnie.	1376
Letta.	792	Souillard.	235
Pauassié et Carpenac.	1552		

Salle n°. 22, *côté de l'Ouest.*

Albâtre.

MM.	Nos. du Cat.	MM.	Nos. du Cat.
Bouché (Sœur Françoise).	729	Leroy.	806
Frère.	92		

Salle n°. 23, *côté de l'Ouest.*

Horlogerie de fabrique et Mécaniques.

Didot (veuve).	1637	Wagner.	1644
Léger-Didot.	1636		

Salles du Trône, n°s. 24 et 24 bis, *côté de l'Ouest.*

Produits des Manufactures royales des Gobelins, de Sèvres, de la Savonnerie, de Beauvais et de Mosaïque. (*Voir la fin du Catalogue.*)

Salle n°. 25, *côté du Midi.*

Porcelaine, Faïence, Terre de Pipe, et autres Poteries de tout genre, Creusets.

Alluaud.	1005	Hall et Guyon.	528
Bellanger-Pagé, Leblanc, Car-lier et Compagnie.	517	Jullien.	258
Bettignies.	1545	Jullien (J.-P.).	1466
Blanc et Compagnie.	950	Keller.	158
Courtat.	1258	Lambert (Amédée).	1463
Denuelle.	1392	La Montagne.	1006
Discry père et fils aîné.	924	Langlois.	1134
Dorchies-Herbo.	671	Ledoux Woode.	1464
Ducommun.	1631	Legai et Compagnie.	1004
Durand.	1317	Lejeune,	727
Ehfert.	220	Meillonas.	103
Fabry et Utzschneider.	1573	Morial fils.	995
Fiolet.	74	Thomas Denis Mouchard (le Chevalier).	616
Foëcy (la manufacture de por-celaine de).	847	Muidbled (Mademoiselle Hé-loïse).	233
Fouque et Arnoux.	1487	Mutel et Compagnie.	1465
Fritz.	717 et 1430	Porché.	707
Froment (L.-P.).	988	Revol père et fils.	391
Gianou (Benoît).	163	Rogier et Sallandrouze.	930
Gilbert (Laurent).	593	Silvand frères.	91
Guillemot-Eprou.	516	Tharaud.	1170

Salles n^{es}. 26, 27 et 28, côté du Nord.

Ebénisterie.

MM.	N^{os}. du Cat.	MM.	N^{os}. du Cat.
Aubin.	489	Lemarchand	1169
Benard.	1200	Louasse.	231
C. D. Blondel.	1293	Magdonel.	265
Bonjour.	798	Marie et Madame Henry.	210
Carrier fils aîné.	114	Pichery.	743
Chenavard.	821	Ravinet.	208
Dehm.	803	Regnault fils.	382
Delorme.	1338	Charles Revilliod et compagnie.	1048
Flachat jeune.	954	Ripault.	149
Frentz.	1176	Roguin.	1294
Funck.	145	Rouillard.	1118
Hacks et compagnie.	1295	Roydor.	143
Hockeshoven.	733	Sandrin.	490
Huret (Léopold).	808	Schniller (Paul).	1485
Lasserre.	260	Vauchelet fils et sa sœur.	1047
Leblanc-Paroissien.	907	Werner,	649

Salle n°. 29, côté du Nord.

Teintures, Apprêts, Impressions sur Etoffes.

Teinture sur laine, sur lin, sur soie, sur coton; Blanchiment; Apprêts
divers.

MM.	N^{os}. du Cat.	MM.	N^{os}. du Cat.
Banquer.	280	Lami et Stackler.	1354
Béchard.	854	Lefèvre-Jacquet.	578
Bergeron.	209	Leittinger (François) et fils.	1113
Brunel.	341	Malfeson et Compagnie.	1110
Drulley.	1094	Michaux.	148
Cavon Langlois.	581	Mieg (Thierry).	186
Cercueil.	585	Perregaux et Robin.	1342
Chappée fils et Compagnie.	88	Pimont frères.	1108
Colombel (Pierre).	1273	Prudhomme-Duchemin.	1111
Coste.	781	Raymond fils.	937
Dautreville.	855	Rey.	1590
Delahaye fils.	1114	Sandrin.	509
Delarue aîné.	1436	Souchon.	840
Dollfus, Huguenin et Compagnie.	1596	Tessier et Zetter.	81
Dubus-Bonnel.	709	Theinus, Boutigny et Compagnie.	1268
Duhil.	414	Thierry Mieg.	186
Farel et fils.	1503	Tréfous.	974
Fourneau, Godard et Mustel.	1448	Vaucelle.	518
Gambon-Delarue.	1112	Vauchelet fils et sa sœur.	1047
Haussmann frères.	184	Werdet.	538
La Boulaye-Marillac (Le comte de).	329		

Salle no. 30, côté du Nord.

Surtout de Table appartenant à Sa Majesté.

MM.	Nos. du Cat.	MM.	Nos. du Cat.
Thomire.	1543	Pichard.	955
Allard et Compagnie.	1592	Sœhnée (Charles-Frédéric).	1303

Salles nos. 31 , 32 , 33, côté du Nord.

Soie et Soieries , Bonneterie , Chapellerie.

Soie et Soieries.

Soie grège , Fil de bourre de soie , Étoffes , Crêpes et Tulles de soie pure ou mélangée , Rubans.

MM.	Nos. du Cat.	MM.	Nos. du Cat.
Ajac.	1042	Hedde (Philippe.)	738
Alais (Benoît).	446	Laurens.	1601
Bance et Compagnie.	451	*Idem.*	1602
Beroud (Pierre).	99	Laurent père et fils (J.-B).	1431
Biais.	1306	Mallié (Philippe) et Compe.	442
Bodin (Charles).	384	Marion , Mathieu et Compagnie.	1394
Bonnard.	838	Maurier et Soulary fils aîné.	1179
Bonnefoi.	387	Michaut et Dutrou jeune.	121
Bonnet et Ronchaud.	98	Nevon et Kurtz-Bapaume,	1435
Bossat.	385	Nîmes (Maison centrale de dé-	
Bouvard (Madame).	833	tention de).	1395
Brachel fils et Compagnie.	450	Paillon frères.	586
Carcassonne frères.	1318	Parcheminer.	125
Carcing et Compagnie.	1383	Pillet (Frédéric).	1177
Cartier-Cousin et Compagnie.	1178	Pillet-Miron (Charles).	1155
Chambon (Louis).	1389	Plantier.	1397
Chartron père et fils.	383	Poidebard.	837
Chuard et Compagnie.	892	Pugens cadet et sœur.	2
Cochet-Dehenne (Auguste).	1210	Pujet et Bousquet.	1382
Corderier et Lemire.	835	Reverchon.	832
Couchonnat.	445	Revilliod et Compagnie.	1048
Cremière-Jeuffrain.	904	Reyre frères.	836
Cruviellier (Louis).	1311	Rocheblave et Compagnie.	1399
Delacour.	347	Roux-Carbonnel.	1313
Depouilly et Pinet.	447	Saint-Olive jeune.	449
Didelot et Compagnie.	162	Sambuc et Noyer.	386
Duchemin (mademoiselle).	732	Sénéclause père et fils.	735
Dugas, Vialis, Ernault jeune et		Tastevin.	1388
Compagnie.	646	Teissier-Ducros.	1368
Duilleu et Compagnie.	452	Tur (Jean) et Compagnie.	1385
Grand (frères).	843	Villeneuve et Mathieu.	441
Grégoire.	488	*Idem.*	842
Idem.	1467	Viollet-Letort.	505
Gril et Compagnie.	1369	Walter et Joyeux.	1172

Bonneterie de Laine, de Soie, de Fil, de Coton.

MM.	Nos. du Cat.	MM.	Nos. du Cat.
Bellamy aîné.	1536	Guillois (Léonard).	906
Bercy-Sirault.	1027	Hersent.	1267
Besnard-Lagarde.	512	Jacoby-Lesourd.	511
Benoist et Compagnie.	597	Lauret.	1504
Boivet et Marchal.	946	Maurel.	247
Bordet.	319	Mignot.	1128
Boulanger.	496	Neveux-Godart.	152
Caron.	497	Idem.	378
Chantrel.	500	Oger-Oviat.	1026
Cochois-Janson.	1023	Quévinot.	319
Coquel-Valle.	534	Raoux et Compagnie.	1371
Darche (Madame veuve).	1499	Roger.	400
Davois.	1147	Roux cadet.	1379
Deloines-Benoist et Compagnie.	598	Salles frères.	1391
Detrey père.	762	Sipeire et Lacroix.	1386
Idem.	763	Tallard (Louis-Joseph).	324
Duchaussoy (François-Victor).	1309	Idem.	bis 324
Fabre frères.	1390	Idem.	ter 324
Félix (Madame).	1627	Troury-Latouche.	941
Godefroy.	1127		

Chapellerie.

Chapeaux de feutre, autres Chapeaux formés de matières diverses.

	Nos. du Cat.		Nos. du Cat.
Arragon.	1560	Guichardière.	1491
Bassignol.	788	Guichard.	13
Bacle et Compagnie.	802	Lamorte.	14
Boneyre, Dulery et Morelieras.	332	Lousteau.	944
Cazeneuve.	1577	Louvel (Jean).	778
Coyère (Florentin) et Compagnie.	652	Malaisie.	820
Chabre.	14	Millent Schonkenbick.	851
Dechamps.	1605	Manceau (Mesdames).	1292
Delouchant.	857	Mignonac.	1558
Dupré.	461	Musset aîné, Solier et Compagnie.	1480
Drulhon, Miergue et Compe.	1367	Odolant-Desnos.	874
Desagneaux.	263	Serres.	154
Fontès.	921	Second.	1559
Godard et Compagnie.	1082	Thomas.	1429
Gisot.	1610		

Salle n°. 34, côté du Nord.

Dentelles, Blondes et Broderies.

	Nos. du Cat.		Nos. du Cat.
Chauve (J.-B.).	42	Larminat et Hulot.	796
Clerambault.	1406	Joseph Magallou.	10
Cordier.	569	Mignot.	1332
Docagne.	1252	Sénéchal et compagnie.	1459
Durand-Fritière.	40	Tixier-Durand.	4
Mademoiselle J. Gard Letertre.	1416		

Salle nº. 35, côté du Midi.

Horlogerie finie et ornée.

MM.	Nos. du Cat.	MM.	Nos. du Cat.
Berrolla.	356	Moselman.	1619
Bost-Membrun.	28	Moulin.	1226
Cauvin.	402	Mugnier.	1185
Cœur.	1355	O. Pecqueur.	1093
Dubarroun.	982	Perron.	785
Fieffé.	868	Pons.	1462
Jeannin.	327	Revéroni.	241
Lacheré.	454	Revillon.	779
Lepaute fils.	1526	Ringo frères.	1516
Lépine.	1574	Rouy (Charles).	1224

Salles nos. 36, 37, 38, côté du Midi.

Bijouterie, Tabletterie, Coutellerie.

MM.	Nos. du Cat.	MM.	Nos. du Cat.
Aucoc et Gavet.	1633	Hisette.	559
Augienne.	882	Idem.	560
Barabin de Marçonnay.	126	Holzbacher.	1074
Barriole.	1211	Hüe.	1255
Bergé (Victor).	245	Jacquand (Pascal).	110
Bergougnau.	312	Joubert.	1201
Bernadda.	1066	Jourjon.	410
Bernard.	1281	Julliard (J.-B.).	107
Bezançon.	1305	Lacour fils.	105
Cardeilhac.	1534	Lançon.	135
Castel (Jean).	249	Laporte.	1032
Cessier (J.-B.).	742	Lasserre (Jean-Pierre).	346
Charles (C.-L.).	866	Leblanc.	338
Cheneaux.	1421	Lebrun.	986
Chéron.	1304	Lefaure père.	291
Choquet.	345	Legrand.	870
Colliu.	562	Lemaire.	1163
Dalloz-Gaillard.	134	Lenoir.	1029
Deffontis.	1003	Léonardon.	1181
Degrand (Madame).	875	Lepage.	952
Delaporte frères.	166	Lesueur jeune.	1330
Delebourse.	1433	Libert fils.	283
D'Herbecourt.	1095	Lucas.	805
Domet.	1213	Maissiat (Claude-Louis).	106
Dumay (Madame veuve).	1219	Mignard Billiuge.	1196
Dupré aîné.	459	Monin.	704
Durand.	1319	Morize.	1474
Evrard (Ange).	111	Neel.	730
Fournier.	1164	Nicod (Jean-Marie).	104
Frestel.	731	De jeunes Ouvriers (de Nogent).	563
Frichot (A.-P.)	1046	Odobet (Patrice).	109
Guillemiu Lambert.	780	Périn Lepage.	953

MM.	Nos. du Cat.	MM.	Nos. du Cat.
Perret Vacherias.	30	Sénéchal.	310
Pointiez.	313	Sir Henry (Charles-Louis).	1575
Poly.	1167	Stammler (Henry).	776
Pottié.	234	*Idem.*	984
Prélat.	1621	Thomasse.	1411
Reffay Duparchy.	136	Touron.	602
Idem.	137	Tourtebatte.	910
Benette (Albert).	1090	Toussaint.	645
Roussin.	1018	Treppoz.	464
Roy père et fils.	139	Tugot.	1229
Rullet.	1070	Vallon.	308

Salles nᵒˢ. 39, 40, côté du Midi.

Bronzes, Orfévrerie, Argenterie, Glaces.

MM.	Nos. du Cat.	MM.	Nos. du Cat.
Barthélemi.	1500	Levasseur.	1049
Chopin.	1476	Pilloy.	1356
Douault-Wiéland.	1301	Schelheimer (Michel).	557
Glaces (Manufacture royale des).	1347	Tourrot.	1277

Salles nᵒˢ. 41, 42, côté du Midi.

Plaqué d'or et d'argent.

MM.	Nos. du Cat.	MM.	Nos. du Cat.
Arbelin fils.	1247	Desnières.	1583
Beaugeois.	942	Lebrun.	1059
Bouchet et Poitiers.	1357	Lelong.	1540
Dehèque.	1206	Odiot.	1597

Salle nᵒ. 43, côté du Midi.

Verrerie, Cristallerie.

MM.	Nos. du Cat.	MM.	Nos. du Cat.
Barbel.	1072	Lecœur.	257
Blesson (Madame).	1629	Luton.	900
Florion.	896	Liedekerke Beaufort (le comte de).	75
Humbert.	858	Maréchal.	161
Bourguignon.	983	Mortelèque.	1055
Desvignes.	1475	Waldeck.	1520
Dubois.	198	Verdun.	288
Godard et Compagnie.	159	Violaine.	358
Hazard-Mirault.	951		

Salle n⁰. 44, côté de l'Est.

Chauvre et Lin.

Chanvre et Lin filés, Toiles, Batiste, Linge de table damassé, Coutils,
Mouchoirs et Rubans de fil.

MM.	Nos. du Cat.	MM.	Nos. du Cat.
Bellec (Le).	751	Joubert (Bonnaire) et Giraud.	476
Bénard.	1142	Laforest.	181
Bérard frères et Vétillard.	713	Lausard (Madame veuve).	754
Bigot-Frigard.	1244	Lebail (Eugène).	631
Bleuze.	50	Lebellec.	751
Boichoz fils.	127	Leboucher-Vilegaudin.	418
Bossut (Florin).	663	Idem.	419
Bouan.	750	Magallon (Joseph).	10
Brunel (Pierre-François) et Callemien.	660	Mahé fils.	753
		Idem.	757
Calvet et de Goer.	118	Malézieux frères et Robert.	365
Céas (Jacques).	11	Manufacture de la Pilletière.	420
Colombel (Pierre).	1272	Martin.	752
Constantin.	1011	Mestivier et Hamoir.	685
Cousin (François).	627	Monjaret-Kerjégu.	759
Delaunay fils (Emmanuel).	1417	Idem.	760
Delloye et fils (Madame veuve).	688	Idem.	761
Delobel-Desurmont.	666	Morin-Dulevain.	421
Derepas.	1320	Mortdefroy.	1141
Desurmont-Tiberghien (Madame veuve).	665	Montelon-Boulée.	895
		Nogues.	434
Dollé.	366	Palézy.	1254
Dolley aîné.	1416	Pallais.	1109
Drabble (Williams).	684	Plaichard-Dutertre frères.	629
Février (Jacques).	95	Ridel-Beaupré.	467
Galais.	859	Rieidt et Compagnie.	1231
Gau frères.	775	Rivière.	1148
Gautheur (Joseph).	626	Rochard (Marie).	756
Gentil.	1384	Roussilhe.	239
Gouazon.	460	Saint-Marc (Madame veuve), Porten et Teliot.	420
Greau et Compagnie.	1019	Simon.	860
Guibert.	916	Tharreau Labrosse.	478
Guillot.	1166	Thironin-Gauthier fils et frère.	1266
Hazard.	687	Thomé (Jacques).	9
Jacon de Cojeau (Demoiselle).	755	Walker (John).	1469
Joly frères et Joseph Perrin.	487		

Salle n⁰. 45, côté de l'Est.

Coton.

Cotons filés; Calicots, Perkales et Mousselines; Piqués, Basins, Velours,
Reps, Linge de table, Molletons et Couvertures, Schalis, etc.

MM.	Nos. du Cat.	MM.	Nos. du Cat.
Abel-Loup-Dumas.	746	Arnaud frère et Fournier.	794
Aadelmann.	80	Barthélemy (Gilles).	Bis 579
Accary frères.	51	Basseсourt fils.	46
Annat fils aîné.	1396	Bayle et compagnie.	1628
Ansiaux.	503	Bazin Lecomte.	1156
Armand.	1039	Idem.	Bis 1156

MM.	Nos. du Cat.	MM.	Nos. du Cat.
Berthet-Bassecourt.	48	Jacquet, Demay et Compagnie.	599
Blondeau frères.	674	Joly et fils.	360
Bossut (Florin).	663	*Idem.*	361
Cardon.	591	Josse (Charles).	726
Cellarier et Compagnie.	850	Juvanon.	50
Cesbron fils et frères.	475	Ladrière (madame veuve Ferdinand).	362
Chamaret Tirouflet.	625	Lainné (Armand).	767
Chaptal, d'Arut et Holker.		Lambert (Charles).	677
Chatonney, Leuiner et Compagnie.	437	Lebailly fils.	1144
Clatot de St.-Martin et Lepicard.	1441	Leblanc (Julien-Timothée).	672
Clérambault et Lecoq-Guibé.	1154	Lebœuffle.	576
Coiflier et Compagnie.	284	Legrain (L.).	972
Cordier.	569	Lehoult et Compagnie.	1424
Cuvru de Surmont.	661	*Idem.*	1425
Dambrun de Vendelles.	370	Le Prevost.	1434
Daudré (A.)	1582	Leroy (Pierre).	326
David (Jules).	368	Loup-Dumas (Abel).	746
Demuchy (François).	669	Maissiat (madame veuve Pierre-Joseph).	101
Decaens jeune.	1449	Malézieux.	363
Defresnes (Auguste).	680	*Idem.*	502
Defresne (Paul).	679	Martin (J.-B.).	1175
Defresnes (Louis).	664	Martorey.	47
Defresnes (Madame veuve).	691	Masset.	*bis* 301
Delobel-Desurmont.	666	Mellier-Ribaucourt.	491
Desmailles (François).	100	Merlzdorff.	1032
Desurmont.	260	Mignot.	1339
Desurmont-Tiberghien (Madame veuve).	665	Mille (Auguste).	689
Desvaux.	575	Mordant.	1452
Dortie (John).	1339	Orford.	96
Dubois et Berton Piron.	397	Ourscamp (Les sociétaires de l'établissement d').	845
Dulaurent (Madame veuve) et fils.	628	Pelletier.	1544
Dumesnil.	1419	Perrier (Augustin) et Compagnie.	486
Dupont-Boilletot.	1020	Perrin.	414
Duvillier (Ferdinand).	667	Piat (César).	662
Eymieu.	389	Plohais et Geze.	1612
Farel et fils.	1511	Poirier-Tirouset.	624
Féray.	570	Prévost (Le).	1434
Fievet et fils (Charles).	673	Raynard-Pramondon.	920
Flament frères.	676	Renard Pramondon.	102
Florin-Bossut.	663	Risler frères et Dixon.	190
Fontenillat.	1410	Sabran père et fils, Curnier et Compagnie.	1376
Frémaux frères.	690	Schellemberg.	919
Glaise et Guigaud.	418	Schlumberger et Herzog.	189
Grégoire frères.	1375	Sénéchal et Compagnie.	1459
Guillemet aîné.	745	Singer et Dufresne.	
Guillemin (Léopold) fils.	611	Soyer de Valois.	499
Guillot frères.	1157	Taillon.	1450
Jacqueminot-Aubert et Compagnie.	610		

MM.	Nos. du Cat.	MM.	Nos. du Cat.
Thareau-Labrosse.	477	Veaute et Compagnie.	1380
Thibault aîné.	49	Villoteau.	630
Thomas.	1442	Wallart frères et sœurs.	675
Thomé (Jacques).	12	Wattel, Coursier et Florin Scheppers.	678
Toustaint-Cablet.	493		
Toutlain aîné.	1271	Ziégler (Martin).	185
Truel et Biarès.	632	Yvart-Pavie.	1437
Vautrin et Compagnie.	59		

Salles n.ᵒˢ 46, 47, 48, 49, 50 et 51, côté de l'Est.

Laines et Lainages.

Laine en suint, lavée, filée; Draperie fine et superfine, moyenne, commune; Casimirs et Cuirs-laine; Flanelles, Molletons et Couvertures; Étoffes rases; Tissus cachemire et façon de cachemire; autres Tissus de laine pure ou mélangée.

MM.	Nos. du Cat.	MM.	Nos. du Cat.
Allemand (Jean-Baptiste).	340	Chaix (Joseph).	5
Ansault-Chauvot.	334	Chaix (Laurent).	6
Armfield.	508	Channehot.	872
Armfield (Mademoiselle).	510	Chayaux frères.	371
Assy, Guérin fils et Compagnie.	856	Chayaux, Lombart et Monart.	372
		Chefderue et Chaulvreux.	1106
Autremont (d') et Doyen.	566	Chevalier.	827
Aynard et fils.	462	Clerc neveu.	1312
Bacot et Compagnie.	813	Cormier.	1236
Bacot frères.	375	Cunin (Laurent), Gridaine et	
Badin aîné et Lambert.	479	J.-B. Bernard.	374
Boichis et Vesian.	1328	Dannet.	1324
Balasse (Jean) et fils.	1505	Dastis (Jean-Baptiste).	253
Baptier.	1502	Degrand et Prades.	887
Barthélemy (Gilles).	579	Debaye-Fournival.	894
Banson.	1223	Delachapelle de la Rouge.	115
Beauduin-Servais.	642	Delarue (Ed. et Alph.).	1100
Bellenger père et fils.	318	Delou.	804
Bertinot.	1313	Delpon et Brugnière-Fonteuille.	1508
Bertrand.	1506	Desfresches le jeune et Compagnie.	1105
Besson (Louis-Benjamin).	262		
Bietry et Belleville.	1284	Desolme et Quériau.	790
Bonnet-Renaudin.	545	Douinet.	615
Bosquillou frères.	1359	Ducôté (C.-A.).	1364
Bouillon.	1010	Dufour frères.	1248
Bourdon et Petou.	1097	Dubil.	415
Bourgeois.	567	Dumas (Etienne).	251
Boursin.	1135	Dutertre-Lemaire.	1341
Boyer et Compagnie.	1014	Duvillier (Ferdinand).	683
Bridier frères.	311	Evrard (Dieudonné).	643
Brincourt père et fils et Compagnie.	1308	Fabreguettes et F. Martel frères.	1302
		Faciot.	1322
Busson.	527	Faulquier.	1364
Cabane.	1370	Faure.	71
Idem.	bis 1370	Ferrand et Baudot,	1015
Carlat.	825	Fonsès.	945
Carual et Nebon.	8	Foster-Stair.	1445

MM.	Nos. du Cat.
Fouquet.	1089
Fournel.	770
Fournel Brochais.	1138
Fulcrant Captier.	1243
Fulcrant Captier jeune.	608
Galon frères.	1017
Ganguet (Jacques).	7
Gatine.	165
Gastine fils.	1259
Gauffre (Pierre).	1363
Gerdret aîné.	1263
Gibelin.	828
Gilmaire (Roger).	376
Girod neveux, Perrault de Jotens et Montamier.	117
Gouin.	306
Grandin (Jacques-Louis).	1098
Granier.	1513
Griolet.	1398
Groisne aîné.	43
Guérin (Louis).	4
Guérineau.	70
Guibal.	552
Guibal (Anne Veaute).	748
Guillon-Moreau.	546
Guiraud Fournil.	1327
Hayet (Pierre) et Join Lambert.	1107
Beilmann frères et compagnie.	187
Henriot frères, soeur et compagnie.	1096
Hindenlang fils aîné.	1595
Houdeville.	1460
Huet de Guerville et fils.	640
Isot et Eck.	1408
Jaluzot (Jacques).	335
Jaussaud (François).	3
Juhel.	1159
Julian.	1381
Lagorce aîné et compagnie.	1188
Lainné et compagnie.	1333
Lamerville (comte de).	526
Lamidey-Mossard.	1140
Lamoureux-Bonnet.	547
Laon (la Fabrique de).	725
Lecertisseur.	1121
Lefèvre-Lemoine.	1158
Lefournier.	1152
Legardeur frères et Delorme.	639
Legrand-Durosiey.	1103
Legrand-Lemor.	1123
Lejeune frères.	1002
Lemoine.	1151

MM.	Nos. du Cat.
Lemoine-Desmares et fils.	1594
Lenoir et Mauger.	333
Lentheric, Latour et compagnie.	1507
Limoge-Poinçon.	1002
Loignon, Maurice.	1122
Luyne (M. le duc de).	1235
Martin frères.	1374
Martin Thyss et Compagnie.	188
Massabuau jeune.	1556
Masset.	301
Maupetit et Compagnie.	1533
Mazarin.	1566
Mely.	823
Merle frères.	480
Meurville père et fils.	1024
Montaubon-Besson.	1238
Monteux et Vidal.	1377
Morfouillet.	841
Morin.	390
Idem.	388
Motte.	470
Muret.	317
Muret et Couret.	1553
Neuflize (André de).	1315
Odoard frères et Guillot.	481
Palaugié, Muret et Couret.	1555
Panc.	829
Paunassié et Carcenac.	1552
Pascal et Roqueplane.	1365
Persignan.	1240
Petou.	1261
Petou frères et fils.	1260
Pinot.	1237
Poirier-Throusset.	624
Polignac (le comte de).	1143
Polino.	893
Pollet-Lefebvre.	682
Poulet (François).	1239
Poupart (Abraham).	377
Poupart de Neuflize et fils.	641
Poupart, baron de Neuflize.	978
Poupillier (Nicolas).	206
Poel.	1136
Quesné (Mathieu) et fils.	1101
Quesné (Mathieu) et Vauquelin.	1104
Racine et Gerdret.	1279
Raray.	1150
Restat fils.	1314
Rey.	996
Ribouleau et Jodain.	1454
Ricquier.	1137

MM.	Nos. du Cat.	MM.	Nos. du Cat.
Roger Gilmaire.	376	Thyss et Compagnie (Martin).	188
Romanet et Alafort.	1009	Tourangin (frères).	522
Roque et Roger.	1537	*Idem.*	523
Rose Abraham frères.	901	*Idem.*	524
Idem.	902	Tremeau.	1316
Roux.	928	Turgis (Pierre).	1099
Saint-Etienne.	217	Vaillant.	64
Sales.	826	Vallat (François).	1530
Scillière.	647	Vallat (Auguste).	1366
Sière (Jean-Antoine).	1483	Vattier-Jourdain.	1139
Simon-Lathaume.	548	Velay.	824
Solannet.	155	Vernus (Antoine).	248
Souverbie.	1336	Vesian et Boichis.	1328
Tadenat et Muret.	1554	Viviès frères.	1326
Ternaux et fils.	373	Voufflard et Compagnie.	1262
Idem.	1215	Yvart-Pavie.	1438
Ternaux-Rousseau.	309		

Pallier des deux grands Escaliers Nord et Sud.

Instrumens d'Optique.

Lerebours.
Gambet.
Cauchois.

Salle n°. 52, ou de Henri IV, côté de l'Est, au rez-de-chaussée.

Machines.

Machines, Mécanismes, et Appareils divers servant aux arts ou à l'agriculture.

MM.	Nos. du Cat.	MM.	Nos. du Cat.
Administration de l'approvisionnement de réserve de Paris.	177	John Collier et Auguste Sévène.	1276
Agneray.	1531	Dedelly fils.	708
Borbeau.	871	Delaroche.	968
Barde (le vicomte de)	1550	Didot (Jules) aîné.	1189
Beugé.	293	Dietz.	1547
Bigel.	1071	Durand.	1318
Binet (Pierre-Jacques).	917	Ecouchard.	129
Bohard.	425	Fossey.	240
Butiau aîné.	322	Gaillard jeune.	1283
Cambray.	394	Gaucel.	701
Cartier.	1568	Gensoul (Joseph-Ferdinand).	1484
Cavaignac et Baulès.	298	Richard Gernon.	348
Chacon.	1329	Gibelin.	1401
Cointereau.	987	Girard.	1192
		Guillaume.	650

MM.	Nos. du Cat.	MM.	Nos. du Cat.
Hamelin-Bergeron.	1087	Pibet (Eugène).	1257
Houlet.	1471	Pingot.	1184
Jacquemin.	195	Porché.	707
Jacquinet jeune.	1352	Abraham Poupart.	377
Kermarec.	295	Revillon.	bis. 779
Kiel.	1351	Risler frères et Dixon.	1343
Laborde.	471	J A. Roger.	1346
Laignet.	1084	Rollé (Frédéric).	777
Laini et Stacker.	1482	Salentin.	807
Leclercq.	714	Isaac Sargeant.	256
Lecouturier.	637	Saulnier (J. F.).	993
Léorière.	1525	Schwickardi.	1311
Lhomond.	1085	Seguin frères.	936
Manceau.	197	Souffrant.	1207
Masson.	1058	Thiebaut fils.	1280
Mathieu.	966	Valérius.	243
Motte.	530	Vast-Bois.	170

OBSERVATION.

La quantité considérable d'objets admis à l'Exposition, n'a pas permis, malgré les vastes emplacemens du Louvre, d'y assigner des salles particulières aux Papiers peints, Tapis, Lithographies, etc. ; ils sont placés, avec divers produits, dans plusieurs salles où on les trouvera facilement.

www.ingramcontent.com/pod-product-compliance
Ingram Content Group UK Ltd.
Pitfield, Milton Keynes, MK11 3LW, UK
UKHW051841140726
13696UKWH00007B/601